数字化图书馆资源建设与档案管理实践

李文学　高　健　田沐禾◎著

吉林科学技术出版社

图书在版编目（CIP）数据

数字化图书馆资源建设与档案管理实践 / 李文学，高健，田沐禾著. -- 长春：吉林科学技术出版社，2023.5

ISBN 978-7-5744-0496-0

Ⅰ．①数… Ⅱ．①李… ②高… ③田… Ⅲ．①数字图书馆－文献资源建设－研究②数字图书馆－档案管理－研究 Ⅳ．①G250.76

中国国家版本馆 CIP 数据核字 (2023) 第 105683 号

数字化图书馆资源建设与档案管理实践

作　　者　李文学　高　健　田沐禾
出 版 人　宛　霞
责任编辑　乌　兰
幅面尺寸　185 mm×260mm
开　　本　16
字　　数　244 千字
印　　张　11
版　　次　2023 年 5 月第 1 版
印　　次　2023 年 5 月第 1 次印刷
出　　版　吉林科学技术出版社
发　　行　吉林科学技术出版社
地　　址　长春市净月区福祉大路 5788 号
邮　　编　130118
发行部电话/传真　0431-81629529　81629530　81629531
　　　　　　　　　　81629532　81629533　81629534
储运部电话　0431-86059116
编辑部电话　0431-81629518
印　　刷　北京四海锦诚印刷技术有限公司
书　　号　ISBN 978-7-5744-0496-0
定　　价　65.00 元

前　言

随着信息技术的飞速发展，数字化图书馆资源建设与档案管理实践成为当今信息社会中不可或缺的重要组成部分。数字化技术的广泛应用给图书馆和档案机构带来了前所未有的机遇和挑战。在数字化时代，传统的纸质文献已经无法满足人们获取和利用知识的需求，数字化图书馆资源的建设成了迫切需要解决的问题。数字化图书馆资源建设的意义不仅在于提供更为广泛、快捷和便利的信息服务，更重要的是为文化传承、学术研究和社会发展提供了巨大的支撑和保障。通过数字化手段，馆藏文献可以得到有效的保存和管理，不受时间和空间的限制，为后代留下宝贵的文化遗产。同时，数字化图书馆资源的建设也为学者、研究人员和学生提供了丰富的学术资源和研究工具，极大地促进了学术交流和创新发展。

本书旨在通过不同的视野和角度重新审视图书馆资源建设和档案管理的基本概念、基础理论和工作方法，既注重对数字化背景下图书馆资源建设的重新认识和阐述，也注重结合档案工作案例，突出实践性，对档案管理活动中存在的种种问题，进行实际、有效的探索和尝试提出解决问题的思路和方法。全书充分体现了时代性、科学性、系统性、实用性等特点，力求为相关读者扩充知识，拓宽知识面与视野。

本书在写作过程中，笔者获得了许多专家和学者的宝贵帮助与指导，在此表示衷心的感谢。由于笔者的能力有限，加之时间紧迫，书中可能存在一些错漏之处，希望读者朋友能够提供宝贵的意见和建议，以便笔者进行进一步的修订，使其更加完善。

目 录

第一章 图书馆基础与数字化发展

第一节 图书馆的起源与发展

一、西方图书馆的起源与发展

(一) 西方古代图书馆

图书馆的起源可以追溯到西方文化，其被定义为一种具备若干基本特征的机构。这些特征包括拥有规模可观的藏书收藏、由专业人员进行管理、经过有序组织排列以便查找，并向社会大众开放。西方图书馆的确切起源时间难以准确考证，但可以确定的是，图书馆的形成始于史前时代的终结阶段，当时文字的兴起导致了文字记录的出现，进而逐渐发展成为图书馆的雏形。早期的图书馆主要起源于宫廷和寺院的文献收藏活动，在文献收藏的范围上实际上还具备档案馆的功能。追溯西方图书馆的起源通常从古巴比伦、古埃及和古希腊这三个国家开始考察。

世界上最早的图书馆到底出现于古巴比伦还是古埃及已经难以查证，比较倾向性的看法是古巴比伦在前。古巴比伦时期图书馆发端于宫廷与寺院的文献收藏活动，所藏泥板书的内容涉及编年史、帝王世系、法典、宗教的教律、圣歌、诸神身世等。当亚述人统治美索不达米亚地区后，位于首都的尼尼微图书馆享誉世界，不仅藏书规模宏大，且编排有序，并对公众开放。而古埃及这个古老国家的文明前后经历了 2 000 多年，它们维持相同的社会形态与政治、宗教制度，以及相同的文字和书写材料。古埃及的图书馆与古巴比伦的图书馆在差不多的时期形成，可惜早期的古埃及图书馆留存的资料不多，但在公元前1350 年左右的图书馆遗址中发现了大量泥板书，由此能推知当年图书馆的辉煌。

尽管古希腊的文字可能起源于公元前 1400—前 1100 年之间，但一般认为古希腊图书馆的历史始于古典时期，即公元前 6 世纪以后。这一时期的图书馆并没有留下什么具体的证据，只能根据文献中的信息推知古希腊图书馆的存在。能够证明这一时期希腊图书馆存在的信息莫过于哲学家亚里士多德所拥有的私人图书馆，其藏书多达数百卷。亚里士多德死后，该图书馆由他的教学承袭人继承，后来图书馆被扩建。据传，该图书馆的藏书后来入藏著名的亚历山大图书馆。讨论古希腊图书馆时，不可忽略亚历山大图书馆，事实上，在古希腊时期，最著名的图书馆并非位于希腊本土，而是位于埃及。当亚历山大大帝统一希腊，横扫中亚和波斯帝国，最后占领埃及全境后，公元前323年，这位征服者开始为当时世界上领土面积最大的国家规划一座伟大的城市——亚历山大城，但亚历山大大帝生前没能看到这座城市变成现实，他的继任者索特尔将军（托勒密一世）把这个规划变成了现实并将其作为首都，托勒密一世为这座城市规划并设计了亚历山大图书馆。亚历山大大帝与托勒密一世都是亚里士多德的学生，这就能解释为什么托勒密一世会有这样一个伟大的梦想——收集全世界的书籍。这个图书馆在托勒密二世时终于建成，到托勒密三世时又修建了分馆。这个被誉为"古代世界的光荣"的图书馆即使没有收藏当时全世界所有的文献，至少也收藏了大部分文献。丰富的馆藏无疑对学者和科学家产生了极大的吸引力，其中一些人还作为馆员在这座图书馆任职。亚历山大图书馆的辉煌持续了200多年，随着托勒密王朝的衰落而逐渐走下坡路，在前后延续了数百年之后终于被毁。在人类历史上有无数摧毁文明的暴行，而亚历山大图书馆的毁灭恐怕算得上是最为巨大和影响深远的损失，以至于后人无比痛心地形容为"历史失去了记忆"。①

（二）发展期的西方图书馆

公元前37年，罗马的第一座公共图书馆对外开放，这是西方图书馆进入一个新的发展时期的标志性事件，此后，兴建公共图书馆的传统一直伴随着罗马帝国从兴盛到衰亡的全过程。这一时期，罗马的私人图书馆也极为盛行，这些私人图书馆大多对外人开放借阅，所以不同于一般意义上的私人藏书而具有一定的图书馆功能。到罗马帝国后期，寺院图书馆开始兴起，随后西方进入中世纪，寺院图书馆几乎成为中世纪欧洲唯一的图书馆类型。值得一提的是，同时期位于东欧的君士坦丁堡的图书馆发展迅速，尤以建于4世纪的帝国图书馆闻名于世。直到拜占庭帝国灭亡，那些图书馆的收藏大部分被损毁，另一部分被卖往意大利等国。此外，当西欧在黑暗的中世纪徘徊时，伊斯兰世界则是另外一种风光，750—1050年是穆斯林文学和学术的辉煌时期，图书馆也随之获得大发展，在巴格达、开罗等城市，不仅宫廷图书馆、公共图书馆盛行，随着大学的兴办，大学图书馆也开始涌现。

纵观人类历史，尽管天灾人祸不止，但文明的脉络从未断绝过。即使在中世纪寺院藏书一家独存的时候，那些修道院和大教堂图书馆在保存人类文化遗产中的作用也是不可抹杀的。这些主要为宗教活动服务的图书馆在经过了缓慢的发展后逐渐走向辉煌。此外，大

---

①乔尔·利维. 不为人知的历史 [M]. 天津：天津教育出版社，2009：21-32.

教堂对图书馆的重视程度更是超过修道院，因为大教堂不仅仅是主教的中心教堂，也具有学校的职能。无论是修道院还是大教堂，它们的藏书大多来自神职人员的抄写，书籍的内容通常包括神学类、学校教学用书类与世俗书籍类。具有一定规模的寺院图书馆大体上按照学科对书籍进行分类，有馆藏目录，图书馆之间还可以馆际互借。这些业务活动表明这一时期的寺院图书馆的发展已经达到相当高的程度。

世界范围内大学图书馆的全面兴起大约始于中世纪末期（12—13世纪），以巴黎大学和牛津大学图书馆为代表的运行模式引发了欧洲大学图书馆的建设。这种模式指一所大学的图书馆由中心图书馆和各学院图书馆组成。与寺院图书馆不同的是，大学图书馆的藏书主要来源于捐赠。在印刷书籍问世以前，大学图书馆的藏书量都比较少，正因为书籍稀缺所以弥足珍贵，一般都不允许外借。著名的巴黎大学图书馆和牛津大学图书馆的藏书用长长的铁链子拴住，可以从书架上取下来阅读，但无法外借。尽管如此，这些大学图书馆藏书的利用率也远远超过寺院图书馆。如果说寺院图书馆历经1 000多年保存了人类的文化遗产，那么大学图书馆则使得书籍中的知识发挥了作用。

西方的图书馆事业历经跌宕却从未停止过前行的步伐，进入19世纪，世界图书馆事业最大的飞跃莫过于现代意义的公共图书馆几乎同时在英国和美国出现。我们说现代意义的公共图书馆是从公共图书馆的经费保障机制的角度来说的，如果从服务对象主要面向普通民众的角度，那么早在16世纪法国就有了市镇图书馆。18世纪美国人本杰明·富兰克林创办了美国第一所会员图书馆；在英国，这种植根于普通民众的公共图书馆也曾以教会图书馆、商业性的流通图书馆和会员图书馆的方式出现。上述面向公众开放的图书馆都不是现代意义的公共图书馆。所谓现代意义的公共图书馆，是指以公共财税的方式维持图书馆的运行，并且免费向全体纳税人服务的图书馆。

19世纪初，美国的城市吸引了大批移民，既有外国移民，也有本土的乡村居民。为了使这些人受到教育，美国兴起了扫盲和强制教育运动。普遍的共识是，民主需要受过教育且见多识广的公民来推动。现代意义的公共图书馆正是在这一背景下诞生的，1833年4月，新罕布什尔州的彼得堡镇成立了由税收维持的、免费向所有人开放的公共图书馆，由此奠定了美国现代公共图书馆的基本体制。在英国，经过国会议员埃德沃特（Wulian Edwart）和图书馆活动家爱德华兹（Edward Edwards）的不断游说，1850年英国国会通过了《公共图书馆法案》，这项法案授权人口在10万以上的城市征税以修建公共图书馆，允许地方政府为修建图书馆征税的比例是每1英镑固定资产征收半便士图书馆税。从此，这种以税收支持的公共图书馆在英国各地迅速增长。与此同时，美国各州也开始授权市政府征税建图书馆，1854年波士顿图书馆向公众开放，成为美国现代公共图书馆的典范。

二、中国古代藏书体系与近代图书馆

（一）中国古代藏书体系

通常，学术文献将中国古代的藏书历史追溯到周代，这一历史悠久而源远。中国古代的藏书活动最早可以追溯到官方的藏书，随后逐渐形成了四大主要的藏书体系，包括官府藏书、私人藏书、寺院藏书与书院藏书。

1. 官府藏书

官府藏书，俗称"官藏"。官藏一词有两层意思：一是指国家藏书，其开放使用的程度相对较高；二是指内府藏书，即仅供皇帝及部分内府官员使用。关于我国官藏始于何时，按《史记·老庄列传》记载，老子曾任周王室的"守藏室之史"，这意味着官藏始于周朝，通常认为，藏室即藏书的地方，守史则是管理书籍的官吏。秦朝焚书致使官藏大量被毁；汉朝时又广开献书之路，大量收集图书；魏晋南北朝时期各朝都较为重视藏书，官藏总量呈现增长之势。隋朝统一后，官藏有较大的增长，隋文帝重视藏书，不仅整理和完善陈朝藏书，还通过抄书和求书的方式增加官藏，且其求书的力度极大（赏格）。唐朝之初藏书量不大①，经过几代皇帝的征书活动，藏书增长较快，到玄宗时藏书已达8万多卷。唐朝是我国图书制作与装潢技术发展比较快的时期，官藏增长较快与这一社会环境不无关系。唐朝在官藏发展的同时，也逐渐形成了专门的管理机构即秘书省，由秘书监领导，下设秘书郎职位。到了宋代，其官藏形成了四个中心，即昭文馆、集贤院、史馆与秘阁。宋太祖时史馆是藏书中心，宋太宗以后便转移到秘阁。宋朝官藏的藏书机制更加完善，通过四种途径增加藏书：继承旧朝官藏、民间献书、民间征书、新撰书所呈缴样本。元朝统治者虽为蒙古人，但重视汉朝文化，故官藏仍然得以发展。明朝建立以后，官藏更是达到新的水平，除了官府重视藏书之外，社会图书总量增加也是重要原因。明朝除了接收宋辽金元的旧藏，向民间征书、求书也是重要途径，但明宣宗以后的历朝皇帝对藏书的重视程度下降，致使官藏损毁严重，并渐渐削弱官藏管理机构的职能，最终取消了国家藏书机构，从而形成明清两代只有内府藏书而没有国家藏书的现象。② 清代官藏沿袭明朝体制，继续走内府藏书之路，将藏书分内阁、翰林院和国子监三处收藏与管理，没有专门的、统一的国家藏书机构。由于明清政权更替导致内府官藏损毁严重，从顺治皇帝开始，清朝皇帝采取经常性征书的方式增加官藏，尤以乾隆征书收益最大，并以编撰《四库全书》时的征书

---

① 据记载，唐朝建国时曾把隋朝官藏运到洛阳，但不幸在三门峡附近沉船，只打捞到少量书籍。
② 来新夏. 书之传承——时间里的图书史［M］. 天津：天津教育出版社，2013：66-68.

政策使得官藏大幅增长。

中国古代官府藏书史上，以编撰《永乐大典》和《四库全书》为两件盛事，对促进官府藏书、保存文化遗产作用巨大。

明成祖朱棣于永乐元年（1403）组织入手编撰一部卷帙浩繁的大型类书，责成大学士解缙和高僧姚广孝负责，全部工作人员多达 2 100 多人，到永乐六年（1408）完成，朱棣赐名《永乐大典》。作为一部大型类书，采录上古至明初的重要典籍近 8 000 种，成书后共 22 877 卷，另有凡例、目录 60 卷，总装订成 11 095 册，约 3. 7 亿万字。这部中国历史上规模最大、内容最丰富的大型类书，在世界文化史上占据重要的地位。

清乾隆年间组织编撰了一部大型丛书《四库全书》，它创议于乾隆三十七年，于第二年着手成立"四库全书馆"，招募编撰人员，在全国范围内征书，从《永乐大典》中辑佚已不存世的文献。《四库全书》的工作分编撰、缮写、建阁等几个方面进行。《四库全书》共收书 3 461 种，成书达 79 409 卷，分装 36 300 册。先缮写四套分藏于紫禁城内文渊阁、圆明园文源阁、承德避暑山庄文津阁和沈阳故宫文溯阁。后乾隆又下令缮写三套分藏于镇江金山寺文宗阁、扬州大官堂的文汇阁和杭州孤山路的文澜阁。《四库全书》作为一部大型丛书，一方面从《永乐大典》中辑佚了大量遗书，另一方面从民间征集了大量稀世珍本，使得这些珍贵文献得以重现于世，对文化保存起到了不可替代的作用。

2. 私人藏书

中国古代私人藏书的历史可以追溯到春秋战国时期，各国纷争增大了对人才（士）的需求从而促使私学兴起，由私学的兴起进而刺激了民间藏书。由于私人藏书在民间，所以秦朝焚书时许多民间藏书得以幸存，正如司马迁在《史记》中分析汉初许多书籍重新出现的原因是"诗书所以复现，多藏人家"，对于因秦朝的焚书而致官藏遭厄运，私人藏书则显现了对保存中国文化的独特作用。从汉到魏晋南北朝，民间私人藏书一直存在，尤其是南北朝时期由于纸质书的出现，私人藏书的数量发展较快，一些"多书之家"的藏书少则数千卷多则数万卷。至唐朝，图书制作技术的进一步发展使私人藏书走向兴盛，藏书上万者不乏其人。到宋代，私人藏书的地域范围大大扩展，一些边远地区也出现了藏书家。宋代的藏书家多数绵延几代不衰，许多藏书家不仅悉心藏书，还专注于文献的校订整理及学术研究，出现了许多著名学者。经历元代再到明朝，私人藏书进入一个新的高潮，尤以江浙闽广一带为甚，出现了许多私人藏书名楼，如天一阁、澹生堂等。天一阁最鼎盛时藏书达 7 万余卷，澹生堂达 10 万余卷。清代的私人藏书达到鼎盛，著名藏书家先后有近 500 人，占历代著名藏书家总和的一半。藏书和学术发展总是相辅相成的，清代的藏书家中出现了一批学问家，如黄宗羲、阮元、黄丕烈、卢文弨等。

私人藏书活动有以下特点：①藏书活动有一定的继承性，往往代代相传，许多藏书楼是经过几代人的努力才成为藏书名楼的。②藏书是一项综合性的活动。包括书的访求、典藏、校勘、注释、编制目录等内容，具有一定的学术性。有些藏书楼在精选精校的基础上还刻印图书。③藏书是一种文化。从藏书处所的设计、美化与命名，到藏书印章，无不充满文化意境。

3. 寺院藏书

寺院藏书是一种总称，盖因佛教与道教的宗教活动而产生了大量宗教典籍及相关文献，由此而形成的藏书活动统称为寺院藏书。

佛教是外来宗教，大约在两汉之交由印度传入中国，而佛经的大量译介始于东汉时期。随着佛经的译介和佛教的传播，中国开始出现佛学著作。此外，经序、目录、史传等也相继出现，致使佛教书籍增多从而出现藏书活动。佛教的藏书活动无疑是在寺院里进行，从晋朝开始中国大量出现寺院，佛教藏书也随之兴盛。隋唐时期佛教进入全盛阶段，教派形成，译经活动更是到达顶峰；译经活动不仅规模浩大且制度完善，并有专门的翻经馆、翻经院等。同时，中国僧人的佛教著述也增加较快，包括佛教诗文、经序、佛经注疏等作品。隋唐时期的佛教藏书除了收藏佛教内容的书籍，也收藏其他内容的书籍，如文学作品、文集、道书、俗经史、医方、图符等，由此，隋唐时期佛教藏书的兴盛状况可见一斑。一般把佛教典籍的综合叫作佛藏，也叫大藏经。

道教是本土宗教，由古代巫术、神仙方术演化而来，形成时期大约在东汉后期，随后产生了道书并逐渐丰富，道教的宫观是道教藏书的主要处所。道书的内容早期多为炼丹服食及符图之说，后来为了与佛教竞争，道家藏书力求宽泛，除了道教典籍，还广纳诸子百家的著作。与佛教对应，道教典籍的总和称作道藏，也叫道藏经。隋唐时期，由于受到皇帝的崇信，道教发展迅速，道教典籍也发展较快，许多宫观都藏有道藏经，并且开展道书的整理与传写活动，大大提升了道书的质量。

4. 书院藏书

书院，是中国古代的一种教育机构。起源于唐代，到宋代进入兴盛，明、清两代则进一步发展。书院这一名称最早来源于唐代，唐玄宗开元十一年（723）、开元十二年（724），先后在长安和洛阳开设丽正书院，到开元十三（725）年均改称集贤书院。集贤书院是一个以文献整理、研究为主要任务的机构，即"掌刊辑古今之经籍，以辨明邦国之大典，而备顾问应对"。后来更常见的书院则是一种民间机构，是一种聚徒讲学、研究学问的地方。到宋代，这类民间书院已达数百所，其中最著名的书院有江西庐山的白鹿洞书院、湖南长沙的岳麓书院、河南商丘的睢阳书院（应天府书院）、河南登封的嵩阳书院、湖南衡阳的石鼓书院和江苏金坛的茅山书院。书院作为讲学、研究、著述的场所，自然会聚集书籍从而形成书院藏书。书院藏书一是来自朝廷和地方官府的赐书与赠书；二是来自民间捐赠；三是来自自行刊刻；四是书院教师及学生的讲义和读书心得。由于书院的山长通常是学问大家，教师也都是极富学问之人，故书院的刻印书籍往往讲求质量。

（二）从藏书楼到近代图书馆

藏书楼是中国古代对藏书处所的称谓，泛指古代官方、私人及民间机构收藏文献的建筑物，同时也是藏书主人和学者、读书人研读、考订、校勘文献的场所。古代藏书楼无论官、私都不对一般民众开放，一些私人藏书楼出于藏书安全的考虑更是加强其封闭性。最能说明古代藏书楼封闭性的莫过于唐朝杜暹的家训"清俸买来手自校，子孙读之知圣道，鬻及借人为不孝"。鬻，即售卖，把藏书售卖或外借于人都归于不孝之行为，可见藏书之封闭性达到何种程度。到明清时期，藏书家对藏书楼封闭性管理有增无减。

能否将藏书楼视为古代的图书馆是一个颇有争议的问题，部分文献的确是这样描述二者之间的关系的，即藏书楼就是古代的图书馆，把近代出现的文献收藏与服务机构则称为近代图书馆与现代图书馆。但吴晞的《从藏书楼到图书馆》一书认为，藏书楼不可能自然进化到现代图书馆，这是两种完全不同的事物。"古代的藏书和藏书楼至多可以看作是中国图书馆的历史渊源，但绝不是它的母体和前身"，"中国的旧式藏书楼中缺乏进化演变成为近代图书馆的基本机制，缺乏面向社会开放的因素"，因而即使"再发展若干世纪，也没有可能自行演变成为西式近代图书馆的基本机制"。[①]

的确，古代藏书楼，无论官方藏书楼还是私人藏书楼，都以其封闭性著称，其最显著的特征为"以藏为主"；而近现代图书馆的特征则是"藏用结合"，故二者之间的区别并非"先进与落后"的区别，而是具有本质上的区别。

（三）近代图书馆的形成

近代图书馆在中国的兴起是"西学东渐"的结果，这意味着，中国近代图书馆是按照西方图书馆的体制建立的，是一个全新的开始，其与旧式藏书楼的关系是一种替代关系而非继承关系，尽管在文献收藏上有一定的继承性，比如许多旧式藏书楼的藏书被近代图书馆收藏，但就机构属性而言，近代图书馆在中国的形成是在接受西方图书馆的思想方法的基础上本土化的结果。

近代图书馆在中国形成的几个标志性事件如下：

1. 基督教图书馆的传入

随着西方基督教传入中国，教会图书馆也应运而生。尽管最早传入中国的基督教图书馆是明朝万历年间由著名传教士金尼阁（Nicolas Trigault）所创立的"教廷图书馆"，但基

---

① 吴晞. 从藏书楼到图书馆 [M]. 北京：北京图书馆出版社，1996：1-5.

督教图书馆在中国的真正兴起是在明末清初之际，北京的"四堂"图书馆①、上海的徐家汇天主教堂藏书楼、圣约翰大学图书馆、武汉的文华公书林等相继建立。基督教图书馆是近代图书馆进入中国的先驱，它们起到了近代图书馆思想在中国启蒙的作用，也起到了近代图书馆服务与管理的示范作用。

2. 京师大学堂藏书楼成立

光绪二十四年（1898）七月，京师大学堂创建，作为中国最早的国立综合性大学，它是戊戌变法中"新政"的产物。庚子年间（1900），义和团和八国联军先后进京，京师大学堂被迫关门。光绪二十八年（1902）京师大学堂复校，与此同时，设立了京师大学堂藏书楼。1903 年，清政府颁布全国高等教育纲领《奏定大学堂章程》，规定将全国大学堂的藏书机构统称为图书馆。尽管在京师大学堂人们仍沿用藏书楼之名，但它按照新型图书馆的模式运行，不仅很好地支持了大学的教学与人才培养，并且对全国的学校图书馆起到了指导与示范作用。京师大学堂藏书楼的建立与发展在我国近代图书馆史上的意义是巨大的，一方面，它昭示着图书馆对于一所大学的价值与意义；另一方面，它极大地促进了我国新式图书馆的成熟与完善。

3. 古越藏书楼

1900 年，浙江绍兴乡绅徐树兰着手创办一座新式图书馆——古越藏书楼。这座于 1903 年建成的新式藏书楼，由徐氏独家出资 8 600 余银两建成。古越藏书楼虽然起了一个旧式名称，但它实际上是一座对全体乡民开放的公共图书馆，它的"现代性"表现在三个方面：一是藏书涉及的内容十分广泛，除了经史子集旧籍之外，还收藏许多时务、实业类书籍，外国文献也占了一定的比例；二是其服务与管理都借鉴了西方图书馆的方法，读者事先登记，按次序入馆借阅文献，每个人都是平等的；三是人性化服务，如读者可以订购早、中、晚餐，为其安心读书提供了极大的方便。古越藏书楼是一座以私人之力创办的新型公共图书馆，它以西方图书馆为模板，打出了"存古、开新"的旗帜，面向普通民众开放，在全国产生了极大的影响。

4. 各省图书馆及京师图书馆的建立

从 1903 年开始，以浙江藏书楼为标志，全国各地的官办大型图书馆兴办热潮拉开帷幕。到辛亥革命以前，全国各地省级公共图书馆已达到 20 家，其中以南京的江南图书馆和北京的京师图书馆最为著名，这与它们的创始人都是近代著名图书馆学家缪荃孙不无关系。

京师图书馆的创建在我国近代图书馆事业发展史上具有划时代的意义。这个从 1910

---

①所谓"四堂"图书馆指南堂、东堂、北堂、西堂四所图书馆。

年9月开始筹建、1912年（民国元年）正式对外开放的全国性图书馆，尽管在创办的时间上落后于省级图书馆，但它的地位决定了它的影响与价值。京师图书馆于1912年8月开馆，馆址设在北京方家胡同，1926年改名为国立京师图书馆，1928年7月改名为国立北平图书馆，搬迁到中南海居仁堂，1929年9月，与北海图书馆合并，1931年迁入文津街新馆舍，名称仍为国立北平图书馆。

京师图书馆的诞生，意味着近代图书馆体系中的三种重要的图书馆类型即国家图书馆、公共图书馆和大学图书馆在我国已经基本健全。

在京师图书馆创建的第二年（宣统二年，1910），由清政府学部拟定的《京师图书馆及各省图书馆通行章程》正式颁布，这是我国历史上第一部图书馆法规。这部法规将图书馆的宗旨表述为："保存国粹，造就通才，以备硕学专家研究学艺，学生士人检阅考证之用，以广征博采、供人浏览为宗旨。"这一宗旨正是对源自西方的新式图书馆的社会使命的准确阐释，为我国图书馆事业的发展奠定了良好的基础。

三、现代观念图书馆的发展

第二次世界大战以后，随着科学技术的迅速发展，图书馆进入一个新的发展阶段——现代观念的图书馆，这是图书馆性质和职能的又一次重大变革。

由于知识爆炸性增长，大大冲击了作为人类社会知识交流中心的图书。第一，知识总量空前增加。第二，随着知识的快速增值，出版物急剧增加。第三，学科内容交叉渗透，同一学科的文献高度分散。第四，知识的"新陈代谢"加快，各类资料形态的知识的寿命大大缩短，如图书保存期限为10~20年，而期刊仅有3~5年。第五，知识的社会价值空前提高。知识已成为一种国家资源，在经济发展、科技进步以及国际竞争中起着关键性作用。所有这一切，都向传统图书馆提出了严峻的挑战——如何有效地汇集人类创造的知识信息，怎样及时加工整理数量庞大的图书文献，以便快、精、准地向社会传输知识信息，已成为图书馆在其发展道路上面临的重大课题，给图书馆的生存和发展带来了严重的威胁。

为了迎接这种挑战，图书馆必须从观念到技术手段进行一场新的全面的变革。促成这一变革的直接动力是现代科学技术在图书馆的广泛应用。电子计算机技术、现代通信技术以及互联网技术应用于图书馆，改变了知识存储的形式，获取知识的手段以及其传播的方式，为图书馆的自动化和便捷化提供了物质和技术条件。现代技术改变了图书馆的形象，图书馆由近代进入现代的发展阶段。

基于上述变化，图书馆观念已由过去传统的"知识宝库"转换成"知识喷泉"。除了保存文化典籍、普及科学文化知识、继续强化社会教育以外，现代图书馆还具有传递情报、信息以及为科学研究服务的职能。因此，人们称现代图书馆是科学交流的重要渠道，是学术性的服务机构。

纵观图书馆产生和发展的过程，我们可以得出这样的结论：①图书馆作为一种社会文化现象，它随着文字记录的出现而产生，又随着人类社会实践活动的发展而不断变革和发展。②图书馆的产生，大大促进了社会交流。图书馆以其收集和保存的功能聚集了自古迄今人类创造的精神文化产品，以其传播和提供服务的功能使社会知识扩散到社会的各个阶层，传递给广大人民群众，成为社会知识的"收发地"，是人类知识继承和发扬的有效工具。③图书馆的发展受制于社会：社会政治和经济制度，规定了图书馆的性质和服务方向；社会的生产力水平、教育的普及程度和科学技术的发展进步，决定了图书馆的发展速度、规范和方向。④"图书馆是个不断生长的有机体"，在生产实践和科学技术发展的驱动下，其本身的活动内容和社会职能具有动态变化的特性，从最初的以收集和存储文献为主的形态逐渐向以充分利用文献为主的形态演变。正是这种"自身调节"的适应性，才使得图书馆不断发展和壮大。

随着互联网的快速发展，人类社会的信息交流渠道不断增加，图书馆作为社会信息交流中心的地位被大大削弱。但是人类社会与文明的进一步发展，是建立在继承人类既有的科学技术、文化、经济等成果的基础之上，没有继承，就谈不上发展，而图书馆正是人类文明在时间和空间中得到传承的不可或缺的中介性机构。在知识经济时代，知识、信息成为社会发展最重要的资源，知识管理、信息资源管理具有重要的意义，作为社会信息资源管理机制最重要的组成部分之一的图书馆将继续发挥其不可替代的作用。因而，图书馆将在信息社会中长期存在并持续为社会信息资源管理做出巨大贡献。

第二节　图书馆类型与社会功能

一、图书馆的常见类型

现代图书馆由于设置的机制和服务对象的不同，导致不同的图书馆在馆藏资源和服务方式上存在差异，这些不同与差异的存在，似乎可以使图书馆被划分成不同的类型，但实际上，这种划分并不严格。通常的做法是，首先把一些特征明显的图书馆划分成类，其次把一些特征不明显或数量相对不多、难以归类的图书馆归为一个特别类别。特征明显的图书馆是指那些按照各自的管理体制、服务对象与馆藏特征等自然形成类别的图书馆，如公共图书馆、高等院校图书馆、学校图书馆、学术图书馆、军事系统图书馆等；而特征不明显的图书馆则是指那些在馆藏与服务上有其专门性的图书馆。值得注意的是，国家图书馆是一个特例，它的数量不大，照理说是难以成类的，加之在管理体制上，各国的国家图书馆也不尽相同，有些国家图书馆更接近于公共图书馆的管理体制，有些图书馆则接近于学术图书馆的管理体制，有少数国家用大学图书馆充当国家图书馆。但由于国家图书馆在馆藏与服务功能上有一些共同的特征，所以，按照传统把国家图书馆单独列为一类。

本书所讨论的图书馆类别并不包括所有类别，根据我国图书馆事业的现状，将讨论部分影响面较广的图书馆类型：国家图书馆、公共图书馆、高等院校图书馆和学校图书馆。

（一）国家图书馆

国家图书馆的主要职责是负责收集和保存本国所有文献的副本，并编制国家总书目。在此基础上，国家图书馆还应具有下列全部或部分功能：尽可能多地采集和保存各国有代表性的、最新的文献和文件，承担国家书目信息中心的责任，编制联合目录，指导其他图书馆的管理并促进馆际合作，促进学术研究和服务发展。

特别要说明的是，一个国家内，国家图书馆可以不止一个，只要具备上述功能的都可以称为国家图书馆，如美国的国家图书馆有三个：美国国会图书馆、国家医学图书馆和国家农业图书馆；德国有两个国家图书馆：德国国家图书馆和德国柏林国立普鲁士文化基金会图书馆；俄罗斯也有两个国家图书馆：俄罗斯国家图书馆和俄罗斯国立图书馆；埃及有埃及国家图书馆与档案馆以及埃及亚历山大图书馆两个国家图书馆。

由于国情和历史的不同，不同国家的国家图书馆在历史沿革、名称方面都各有不同。有些国家的国家图书馆由皇家图书馆演变而来，如法国国家图书馆、瑞典皇家图书馆、西班牙国家图书馆等；有些国家图书馆的前身是国会图书馆，在成为国家图书馆后仍然保留原名称，如美国国会图书馆和日本国会图书馆；有些国家则指定一个大学图书馆作为国家图书馆，如芬兰的赫尔辛基大学图书馆—国家图书馆、斯洛文尼亚国家与大学图书馆、以色列犹太国家与大学图书馆等。有些国家的国家图书馆由公共图书馆发展而来，如格鲁吉亚国立公共图书馆，印度国家图书馆的前身是加尔各答公共图书馆和帝国图书馆，阿根廷国家图书馆的前身是布宜诺斯艾利斯公共图书馆；还有些国家的国家图书馆在名称上完全不能体现是国家图书馆，如朝鲜人民大学习堂等。

大多数国家图书馆都定位于保存本国文献和收集外国文献、充当国家的总书库的职能，为此，其服务定位也大都是面向科学研究和国家决策，但也有部分国家的国家图书馆将满足公众的一般阅读作为自己的服务目标之一。如菲律宾国家图书馆承担着国家图书馆和公共图书馆的双重职能，印度国家图书馆同时也是加尔各答市的公共图书馆，丹麦皇家图书馆从2007年开始除了作为研究和教育图书馆之外也承担公共图书馆的职能，韩国国立中央图书馆具有国家图书馆和公共图书馆的双重职能。我国的国家图书馆虽然声称属于研究型图书馆，为国家机关、重点科研单位、重点教育单位和重要生产单位等提供服务，但事实上也一直承担着支持公众一般性阅读的任务。

综上所述，我们将国家图书馆有别于一般图书馆的功能概括为以下方面：

第一，保存文献。在一个国家的所有图书馆中，国家图书馆的保存功能是最为重要的。国家图书馆应该完整、系统地收集本国文献和重要文件，充当国家的总书库；采集和收藏别国具有代表性的文献，成为全国的外国文献收藏中心。保障国家图书馆全面系统收藏本国文献的重要机制是呈缴本制度。所谓呈缴本制度，是指按照有关法律法规的规定，由出版机构无偿向指定的图书馆呈缴其出版物若干复本的制度。按照国际图联（IFLA）/联合国教科文组织（UNESCO）的《法定保藏立法指导方针》，以呈缴本制度来保障国家图书馆对本国文献的收藏以期实现五个目标：①留存、传播和发展一个国家的文化；②编撰、出版国家书目；③进行国家出版统计；④为国家保存出版物，并为本国的其他图书馆提供储备；⑤实现出版交换。世界上最早的呈缴本制度发端于法国，在弗朗索瓦一世时期颁布的《蒙彼利埃敕令》中规定，国内所有出版物都必须向皇家图书馆缴纳一册，否则将悉数没收出版物并课以重金。这一制度有效地保障了早期的皇家图书馆的藏书，因而受到推崇，后被世界各国仿效。中国国家图书馆的前身京师图书馆从1916年开始接受国内出版物呈缴本。新中国成立后，文化部于1955年颁布了《关于征集图书、杂志样本办法》，使呈缴本制度得以继续。1991年新闻出版署又发布了两个文件，对缴送方式、种类、数量等均做了明确规定。

第二，编制总书目。由于国家图书馆对本国文献的收藏是最为齐全的，所以国家图书馆应该充当全国的书目中心。除了编制国家总书目，还应该编制联合目录、回溯性目录等。

第三，推动全国图书馆事业。国家图书馆的特殊地位，使其成为推动全国图书馆事业发展的中坚力量，在图书馆协作、古籍保护、联合编目、服务联盟等方面发挥着重要的作用。此外，还代表本国图书馆界和读者的利益参加国际图书馆组织，并发出符合本国利益的声音。

（二）公共图书馆

国际图联/联合国教科文组织对公共图书馆的定义是："公共图书馆是由社区，如地方、地区或国家政府，或者一些其他社区组织支持和资助的机构，它通过提供一系列资源和服务来满足人们对知识、信息和形象思维作品的需求，社区所有成员都享有其服务的权利，而不受种族、国籍、年龄、性别、宗教信仰、语言、能力、经济和就业状况和教育程度的限制。"根据这一定义，公共图书馆有三个特点：①由地方政府或国家政府主办，以公共财政拨款的方式建设和维持运行；②面向所有人服务，是所有人的图书馆；③给予任何人平等的服务。

1. 公共图书馆的基本目标

公共图书馆作为一个社会机构，必定有其社会使命。在实际运作中，人们通常把对公共图书馆社会使命的理解具体表述为公共图书馆的目标（The Purposes of the Public Library）。根据国际图联/联合国教科文组织发布的《公共图书馆服务发展指南》，公共图书馆的基本作用是通过提供各种形式的资源与服务来支持民众的信息获取与阅读行为，以满足其在教育、个人发展、休闲与娱乐方面的需要，故此，公共图书馆的目标是：

第一，支持教育。既支持各级正规教育（包括小学、中学、专科、大学教育等），也支持个人的终身自学（非正规教育）。公共图书馆以资料、空间和服务等方式提供协助，帮助人们顺利完成学业和终身教育。

第二，满足个人信息需求。尽管信息技术的快速发展已经极大地改变了人们获取信息的方式，但公共图书馆作为地区信息中心的功能并没有消失，对于相当一部分公民，公共图书馆是唯一没有门槛的信息中心，它不仅以传统资料的方式提供信息，也提供互联网信息服务，从这个意义上说，公共图书馆有助于消除数字鸿沟。

第三，提供个人发展的机会。通过公共图书馆提供的富有想象力的作品，以及公共图书馆开展的激发个人创造力的活动，有助于提升个人的发展能力。

第四，培养个人的阅读习惯。公共图书馆对儿童提供服务，使他们从小获得阅读的机会和训练，这对于培养孩子的阅读习惯十分重要。

第五，构建地区/社区的公共文化空间。公共图书馆是地区/社区的文化艺术活动中心，作为一个公共空间，它通过提供场地、组织活动等方式为地区/社区成员创造参与文化艺术活动的机会。

第六，满足人们休闲娱乐需求。公共图书馆通过提供休闲读物、多媒体资料、文娱活动、休闲场地等方式满足人们对高品质休闲娱乐服务的需求。

2. 公共图书馆的经费来源

公共图书馆的经费主要来自公共财政，这是公共图书馆的基础体制，这一体制保证了公共图书馆经费来源的稳定性和服务的公益性。

公共图书馆按地域设置，因此，在经费的保障体制上，尽管各国具体做法略有不同，但总的规律是以地方公共财政拨款为主。比如在美国，公共图书馆的经费主要来自地方政府，少量来自州政府和联邦政府，另有少量来自其他渠道。在中国，公共图书馆的经费主要来自相同层级的地方政府，如省级政府负责省级公共图书馆的经费，市级政府负责市级公共图书馆的经费，县级政府负责县级公共图书馆的经费。此外，基层公共图书馆往往有机会获得来自垂直关系的专项拨款，既可能来自中央政府的专项经费，也可能来自省市政府的专项经费。

3. 公共图书馆服务的对象

公共图书馆面向所有人服务，这是由公共图书馆的基础体制决定的。一个由纳税人的税收维持运行的公共图书馆，理所当然地应该面向所有纳税人开放，由于所有公民都是纳税人，包括任何年龄和任何身份的人，所以，公共图书馆实际上是面向所有人开放的场所。

公共图书馆面向所有人开放，其意义在于保障所有人的信息获取权利。即使在信息技术高度发达的今天，公共图书馆的这一作用并没有过时，仍然发挥着它独特的作用。2013年IFLA发布了《国际图联关于图书馆与发展的宣言》，对公共图书馆在保障民众的信息权利方面的作用做了如下阐述：信息获取是人的一项基本权利，可以打破贫穷的恶性循环，并支持可持续发展。在许多社区，图书馆是唯一一个可以让人们获取信息的地方，这些信息有助于改善他们的教育状况、开发新技能、寻找工作机会、建立企业、做出有关农业和健康的明智决策和洞察环境问题。基于公共图书馆这样的作用，公共图书馆面向所有人开放不仅具有法理上的必然性，还具有巨大的社会意义。

4. 公共图书馆的馆藏建设

公共图书馆的馆藏资源是其充分履行职责的前提，馆藏资源的形成须经由一个选择、购买、典藏的过程，这是一个动态的累积过程，这个过程通常称为"馆藏建设"。公共图书馆馆藏建设的基本原则如下：

一是包容性原则。由于公共图书馆面向所有人服务，这就决定了它的资源体系必须具有包容性，以适应不同人群在教育、信息、休闲和个人发展方面的需求。馆藏资源的包容性要从三个方面来看：一是内容的包容性，公共图书馆的服务对象决定了它的馆藏资源不可能在内容方面有所偏好，比如偏重于某些领域，或形成所谓特色馆藏等，这种偏好不利于公共图书馆面向所有人服务；二是对各种人群的适用性，比如让那些在语言上处于少数的人群能够得到基本的满足，以及让不同年龄段的人群能够找到适合自己阅读的资料；三是资源类型的包容性，除了人们习以为常的传统资源外，还应该顺应时代的发展，兼顾各种媒体形式的资源，以满足公众多元化的需求。

二是持续性原则。一个持续发展的资源体系才能确保人们源源不断地获取资源，满足不断产生的信息需求与阅读需求，持续的财政拨款是保证馆藏资源可持续利用的基础。此外，一个相对稳定且具备一定灵活性的馆藏建设政策也是必不可少的。也就是说，在资金保障的前提下，怎么选择入藏资源也很关键，选择的标准以图书馆的职业标准为基础，由专业人员根据当地居民的需求和利益而制定，并能反映社会的多样化。

（三）高等院校图书馆

与公共图书馆不同，高等院校图书馆（以下简称"高校图书馆"）是一个内部机构，只面向其母体机构的所有内部成员服务。高等院校的校内成员包括各种层次的学生（本科生、硕士研究生、博士研究生等）、教师、研究人员、管理人员及其他。

1. 高校图书馆的目标制定

我国教育部高等学校图书情报工作委员会（简称高校图工委）对高校图书馆的定义是，图书馆是学校的文献信息中心，是为教学和科学研究服务的学术性机构。根据这一定义，就很容易制定高校图书馆的目标。

第一，支持教学。这一目标也经常被表述为高校图书馆具有教育职能。传统意义上的支持教育主要体现在文献服务上，即以文献提供方式满足教学对扩展阅读等的需要。随着信息技术的发展，图书馆教育职能的一个重要体现方式是通过对学生信息素养的提升来支持教学，实际上是将自身的工作纳入整个教学体系之中。

第二，支持科学研究。高校中的教师、研究人员、管理人员及学生等在从事科学研究的过程中所需要的知识、信息、文献等都主要由图书馆来保障。除此之外，图书馆还应该是学校的学术社区，他们可以在图书馆进行讨论与交流，这是科学研究活动必不可少的组成部分。

第三，支持个人发展。图书馆应该是一个支持想象、激发灵感的场所，图书馆广博的收藏使人们在这里可以获得智力上的支持，同时能够拓展兴趣、开阔视野，这对于成长中的学生尤为重要。

2. 高校图书馆服务的特殊性

对于高校图书馆而言，它的服务对象是确定的，它的经费来自其母体机构，只要这个母体机构希望成为一所优秀的高等教育机构，一般而言，就会重视对图书馆经费的保障。因此，高校图书馆的工作重心更多的是放在它所能提供的服务方面。

高校图书馆的业务活动大体上与公共图书馆是相通的，内部工作同样是采购与典藏，对外同样是服务活动，而服务通常也是分为文献提供与读者活动两大块。但由于服务对象有一定的特殊性，因此高校图书馆在服务上也表现出其特殊性。

第一，文献提供方面更强调情报职能。高校图书馆提供的文献，在内容上偏重于学术性、知识性，对休闲读物的保障相对较弱。在类型上，更重视对连续出版物的采购与提供。在数字化环境下，数据库的采购与提供服务成为高校图书馆文献服务的重点。在服务的方式上，高校图书馆通过馆际合作来扩大文献提供的范围，对于读者需要而本馆未收藏的文献，可以通过文献传递服务来获得。所谓文献传递服务，就是针对本馆未收藏的而读者有需求的文献，向协作图书馆提出请求，通过在线传递、邮件快递等方式，远程获取文献全文的服务。

第二，服务上更重视参考咨询服务。参考咨询服务的内容包括：①图书馆利用方面的咨询解答，如馆藏文献咨询、查找咨询、读者权益咨询等；②知识、数据、事实咨询解答，如读者在某些统计数据、特殊文献（如国际专利、技术标准等）、某个历史事件、人物等的查询方面碰到困难，由图书馆专业人员利用自己娴熟的技能，快速为读者查询；③学科服务，即图书馆员参与到科学研究的过程中，协助科研人员收集专题信息、跟踪最新动态等。

第三，更重视用户教育。高校作为教育机构，无疑会更加重视对人的能力的培养，这是国内外高校图书馆普遍重视用户教育的根本原因。高校图书馆的用户教育经历了从文献检索方法的教育向综合性的信息素养教育转换的过程。信息素养是指知道自己什么时候需要信息，当面对问题时能够知道需要的信息是什么，能够找到所需的信息并对信息进行评价，能够对信息进行组织，有效地利用信息解决问题。

以信息素养教育为核心的用户教育，不再局限于信息的查找，而是全面地设计信息利用全过程，并把这一过程融合于自主学习之中，由此形成的信息能力将伴随学生的终身教育，使信息能力成为一种终身的能力。

（四）学校图书馆

学校图书馆的性质与高校图书馆相仿，所不同的只是母体机构的不同。一般把设置在中、小学内的图书馆称作学校图书馆。学校图书馆的服务对象主要是校内的师生员工，包括教师、各年级学生、管理人员等，更宽泛地说，也可以包括学生家长。

1. 学校图书馆的使命与目标

与其他任何类型的图书馆一样，学校图书馆也应该有明确的目标，学校图书馆的目标规定了学校图书馆所承担的核心任务。

（1）支持和拓展学校的使命和课程设置中所制定的教育目标；

（2）培养和保持孩子的读书、学习的习惯和乐趣，并教他们使用图书馆，这将使他们受益终身；

（3）在为增加知识、理解力、想象力和娱乐身心而创造和使用信息上，为学生提供体验的机会；

（4）帮助所有学生提高评估和使用各种形式、各种格式或载体的信息的学习和实践技能（包括对社区内沟通模式的灵敏度）；

（5）提供地方、地区、国家和全球的资源，同时提供机会使学习者接触多元化的思想、经验和观点；

（6）组织各种活动，提高对文化与社会的自觉认识和感受能力；

（7）与学生、教师、管理人员和学生家长共同合作，完成学校的使命；

（8）宣扬这样一种观念，即知识自由和信息使用对有效率地和有责任感地行使公民权利与义务以及参与民主是必不可少的；

（9）向整个校园以及校园之外的社区推广读书活动并提供学校图书馆的资源与服务。

2. 学校图书馆的业务活动

学校图书馆的业务活动与一般图书馆的业务活动大体上是一致的，即包括馆藏建设、文献加工与典藏、服务（流通服务、参考咨询服务）、图书馆推广与阅读推广活动等部分。

（1）馆藏建设。学校图书馆的馆藏建设的方针应该涵盖两个方面：一是收藏与教学相关的文献，以帮助教师和学生完成教与学的任务为目标；二是收藏以阅读拓展为目的的文献，包括知识性文献与文学类读物等。与其他任何图书馆一样，学校图书馆的馆藏建设应该最大限度地符合其服务对象的需求，并与学校的教育使命保持一致。因此，建立在广泛征询意见基础上的藏书计划更容易受到推崇。

充足的馆藏资源是吸引学生利用图书馆的根本原因，但这取决于经费保障。国际图联/联合国教科文组织推荐的馆藏标准是，每名学生10本书，最小规模的学校至少应该有2 500种相关和最新的图书。之所以强调藏书规模，这是考虑到在任何一所学校内，读者总是存在年龄、个人能力与家庭背景等方面的差异，只有广泛的藏书，才能让读者获得基本的满足。此外，学校图书馆的使命决定了其藏书必须包含一定比例的与课程相关的非小说类图书，国际图联/联合国教科文组织推荐这个比例不低于60%。由于青少年正值养成阅读习惯的时期，以拓展性阅读为目的的馆藏十分重要。拓展性阅读除了知识类的图书之外，也包括以消遣为目的的资源，如畅销书、绘本、动漫、杂志等，这类文献有助于培养青少年的阅读习惯；多媒体资源更容易受到青少年的喜爱，适当的音乐、绘画、计算机游戏等有利于提高青少年利用图书馆的兴趣。

（2）文献加工与典藏。学校图书馆的文献典藏与加工采用与其他图书馆相同的标准，即按照国家统一的规范与标准进行文献的加工与典藏。小学图书馆根据儿童的特点，在馆藏陈列方面采用形象化的标志，有助于儿童获取他们喜爱的图书。

（3）服务。如前所述，学校图书馆的服务对象包括学生、教师及其他管理人员，甚至还可以包括学生家长。图书馆的流通服务与参考咨询服务在内容和方式上与其他图书馆类似。在学校图书馆的日常服务中，学生是最大的群体，也是最重要的群体，所以，建立平等服务的观念是十分重要的，有利于让学生在接受图书馆服务的过程中建立"知识面前，人人平等"的意识。即使面对未成年的读者，在提供服务的过程中也应该充分地尊重读者个人的意愿，图书馆员可以向他们提供帮助与建议而不宜扮演传统意义上的指导者的角色。

（4）图书馆推广与阅读推广活动。吸引学生利用图书馆并养成习惯是学校图书馆的一项重要且艰难的任务。学生之间存在差异，学校图书馆应该采取各种办法来提高学生对图书馆的兴趣，使他们学会使用图书馆。推广图书馆的方式很多，通常包括：①建立图书馆网页，鼓励和吸引学生来访问网页；②印制活泼、有趣的宣传单，及时传递图书馆的资源与服务的信息；③举办讲座，介绍图书馆的资源与活动；④向家长推介学校图书馆；⑤组织各种能吸引学生的活动，包括各种读书会、文献检索活动等；⑥与任课教师加强联系，配合课堂教学引导学生使用图书馆。

二、图书馆的社会功能表现

社会处于不断进步的进程中，人们对于知识的需求量随之变化，推动了国内图书馆的迅速发展，其社会功能随之形成，并在此过程中不断凸显出来。一般而言，社会功能存在差异时，图书馆所承担的角色也会表现出差异性，同时各个社会功能之间处于相互补充以及相互联系的状态中，通过充分发挥社会功能，从而促进国内图书馆专项事业的不断发展。

（一）图书馆的保存功能

作为极具基础性特征的社会功能，国内图书馆承担着对人类文化充分保护的任务。文献产生之初，其功能之一是记录，通过对各种信息进行充分记录，以文字的形式保存下来，即可成为后期文化研究工作中的重要线索，不仅能从中准确梳理年代信息，还可展开知识传递工作，在对人类文明充分保存的基础上，实现对人类文化的持续性传承。图书馆日常工作流程中，在发挥其保存功能时，强调合理处理"存取"以及"拥有"之间的关系，即在拥有图书馆内部信息资料的同时，还要合理存取图书馆外部的信息资源，并妥善处理两者关系，以实现两者相辅相成的目标。

"保存功能"的充分发挥，通常需要多家图书馆通力协作，这是由于单家图书馆内部珍藏文献资料的数量以及类别均有限。而且随着社会极速发展，文献资料已经受到实体文献的约束，各家图书馆都非常重视对网络信息资料的充分保护与保存，促使图书馆基本功能发生了一定的转变，成为储藏人类文化的重要机构，其保存功能也日益突出。

（二）图书馆的社会教育功能

不同于细节教育，图书馆所体现出来的教育功能覆盖面更广，囊括了整个社会，即在整个社会体系中发挥着教育功能。基于国内教育系统，图书馆在其中扮演着十分重要的角色，通过对各种人类知识进行全面收集、妥善保存，在为读者创造优质学习空间以及阅读环境的基础上，在潜移默化中对读者进行深刻的影响，从而确保其社会教育目标得以实现。

在图书馆中，"社会教育"不仅始终处于核心地位，而且还是对其核心价值的充分体现，在图书馆日常发展中起着关键性作用。这是由于图书馆本身隶属社会教育专业机构，除了馆藏资料十分丰富外，其基础设施以及阅读环境都表现出优势，同时还是人们参与全民学习活动、终身学习活动的重要场所，因此其社会价值不言而喻。

（三）图书馆的信息服务功能

基于社会层面，图书馆除了是交流社会信息以及传播信息的重要媒介，同时还是社会信息的重要枢纽，因此其首要功能即为信息服务。一般而言，图书馆在展开日常工作时，其重要工作项目即为提供各种类型信息服务，具体涉及文献传递服务、图书借阅服务以及馆际互借服务等。

从传统意义上而言，信息服务具体指图书馆提前收集并且整理文献信息、文献资料，再对其进行进一步加工以及储存，通过对馆藏进行有效充实，再结合读者的各种信息需求，再为其提供专项文献资料。然而，信息时代到来后，科学技术在国内的发展速度越发加快，全国各地先后建立起专业数字图书馆，该图书馆以提供各种类型虚拟信息为主要服务项目，在对服务领域进一步扩展的基础上，其信息服务也更具便捷性和迅速性，而且还打破了地点因素、时间因素的限制，因此其社会功能已获社会认可，并致力于提供更为全面性、充分性以及及时性的信息服务。

（四）图书馆的创建文化空间功能

创建公共性质的文化空间不仅在提升图书馆整体竞争力上发挥重要价值，而且在各类型社会功能中，如社会功能在竞争力方面也表现出绝对优势，已成为适应社会发展的一项社会功能。纵观图书馆基本职能，发现其主要是人们休闲放松以及自由交流的重要空间之一，同时还具有文化空间职能，且呈现出自由性特征。在图书馆中，读者除了能够看书以及进行写作等常规事项外，通过参与图书馆内部的专项文化活动，在进行知识交流、思想交流以及知识分享等活动的基础上，确保其文化空间功能得到充分发挥，且该社会功能符合人们知识需求以及社会发展需求。为实现文化空间创建目标，图书馆内部除了要对相关要素进行合理配置外，还要共建资源以及共享资源，确保其符合社会发展的基本要求。

总之，图书馆在社会功能方面，始终处于不断变化中，且其变化标准为社会需求。因此在研究中，当人们实践经验越发丰富，社会认识越发深刻，图书馆呈现出的社会功能就可能会产生变化，而其社会价值也更加突出，所以图书馆应对自身社会功能展开深入拓展，以实现价值最大化目标。

第三节　图书馆的构成要素及其属性

一、构成图书馆的要素

图书馆通常由藏书、读者、馆员、技术方法、建筑与设备、图书馆管理六个要素组成，这些要素相互联系、相互作用，构成了图书馆的有机整体。

（一）图书馆的藏书

图书馆的藏书是一个集合的概念，它是图书馆所收藏的各种类型文献的总和，既包括传统的印刷型文献，也包括新型载体的视听资料、电子出版物等。藏书是图书馆赖以存在和发展的物质基础，也是根据图书馆的性质、任务和读者对象的需求，将各类文献有目的、有系统地收集起来，经过科学的加工、整理，合理地排列组合，成为有重点的、有层次的图书馆藏书体系。图书馆的藏书有三个特性：一是文献的集合；二是经过选择的文献的总和；三是加工和组织以供读者利用。

图书馆的藏书是经过科学方法进行加工，按一定的体系布局排列，并进行合理的保管，最终提供给读者利用的文献资料。不经过加工的文献，不能是真正意义上的图书馆藏文献，它不可能在图书馆流通和借阅，也无法在图书馆有序排列和保管。

长期以来，关于图书馆的藏书的"藏"与"用"问题，一直是人们争论的焦点，程亚男先生指出，图书馆的本质属性是藏用性，即对文献的收藏与利用，或称文献的聚集和知识信息的传播。对此，他提出三点理由：一是藏用性是图书馆区别于其他机构的特有属性；二是藏与用是古今中外图书馆都具有的基本功能；三是图书文献的收藏与利用，构成了图书馆的特殊矛盾和主要矛盾，这对矛盾决定着图书馆的其他矛盾，不断运动，推动着图书馆事业的发展。由此可见，图书馆藏书的"藏"与"用"是一个长期被图书馆界讨论或争论的话题。

特别指出的是，图书馆的藏书和用书是一对矛盾统一体。有人提出藏书应以"用"为目的，这个观点不完全贴切。其实，不同的图书馆在文献资料"藏"与"用"的问题上应有所侧重。如国家图书馆行使国家总书库的职责，理应以"藏"为主。而省级公共图书馆则应就地方文献以用为主。但是，无论"藏"还是"用"，图书馆的藏书之最终目的是为社会所"用"。

（二）图书馆的服务对象——读者

读者是指图书馆的服务对象，通常指具有一定的阅读能力从事阅读活动的社会成员。读者包括读者范围及读者类型。

图书馆的读者群属于特定的范畴，它是社会群体中的一部分，专指与图书馆发生关系的人，凡是利用图书馆从事活动的一切社会成员都是图书馆的读者，其中包括个人、集体、单位。在各级各类学校，图书馆实际上就是以教师和学生为主要读者对象；而在社会图书馆，读者的含义相当广泛，因此，将图书馆的服务延伸到社会的各个阶层及所有社会成员中，最大限度地发挥图书馆在促进社会进步与发展中的作用，满足各类人士的需求。

读者类型一般是指图书馆的读者是持有借书证的人。随着社会科学技术的不断发展，特别是网络技术的普及，以及社会人生存方式和休闲方式的多样化，图书馆的读者对象发生了很大的变化。就目前来说，图书馆的读者有着三种含义：一是现实读者。图书馆的现实读者可分为正式读者和临时读者。正式读者指持有图书馆借书证或阅览证，与图书馆建立正式借阅关系的人；临时读者指无借阅证，尚未与图书馆建立确定关系，偶尔利用图书馆的人。二是潜在读者。一切造访图书馆的人，包括在图书馆休闲娱乐的人，听讲座、看展览的人，以及没有任何目的走进图书馆的人。三是网络读者。指通过网络浏览图书馆网页的人。图书馆网络读者的特点是面广、数量多且不受地域限制。网络读者的出现，要求图书馆加大文献数字化建设，以跟上现代信息技术的发展，满足人们对网络信息的需求。

（三）图书馆工作人员——馆员

馆员指图书馆所有的工作人员，包括各层次的领导干部、行政管理人员和技术业务工作人员。其中，图书馆里技术业务人员包括图书管理员、助理馆员、馆员、副研究馆员、研究馆员等。他们都是图书馆各项工作的管理者和组织者，是联系图书馆与社会各界的媒介。图书馆社会作用、影响力的优劣，在很大程度上取决于图书馆员的综合素质。

随着知识经济时代的到来和信息社会的发展，图书馆的社会角色发生了很大的变化，从单一的传递书刊、文献资料，发展到今天的信息查询、社会教育、传递科技情报、网络信息等多种服务形式。这些业务的延伸和发展，对图书馆员的思想素质、综合素质及业务素质提出了更高的要求，这就需要原有人员不断更新知识才能适应时代的要求。

（四）图书馆工作的技术方法

技术方法是指图书文献的收集、整理、组织、管理、流通、利用，以及各个业务部门工作的技术方法。技术方法构成了图书馆工作的方法系统，该系统包括了传统手工操作的技术方法，也包括了以计算机技术为主要手段的现代信息情报技术。

（五）图书馆的建筑与设备

图书馆的建筑与设备是图书馆开展工作的物质条件，其建设规模、建筑风格及现代化设备的应用，将使图书馆的服务工作从单一向深度和广度发展，服务手段从单向向多元化发展，服务能力和效益得到极大的提高。

目前，世界上绝大多数国家，将国家图书馆、省市图书馆和高等学校图书馆作为图书馆建设的重点。其硬件建设作为教学、科研和国家城市文明进步评估的重要内容，并对其建设规模、藏书数量等有详细的评估指标。另外，图书馆的建筑风格和技术装备也有一定的要求，首先，建筑风格有着明显的时代特征。随着图书馆读者服务工作内容、形式、技术设备的不断变化，图书馆的建筑也随之而改变。从传统图书馆到现代化图书馆，图书馆的技术设备随着服务方式的改变、新技术的应用不断地发生着变化。其次，技术装备也有较大的改观。如计算机设备、电工设备、空调设备、消防安全设备及业务工作相应的技术设备等。

（六）图书馆管理

图书馆管理是指计划、组织、控制、协调图书馆工作中的人力、物力、财力的合理运用，达到以最少的消耗来实现图书馆的既定目标，完成图书馆任务的过程。没有图书馆的科学管理，就没有工作的合理化和科学化，图书馆也就不能成为一个具有特定功能的有机整体。

图书馆管理的内容有很多，如图书馆组织机构的管理、人事制度管理、业务管理、行政事务管理、图书馆的规章制度、管理的方式和方法等。这一切形成了图书馆整个的管理体系，以保证图书馆事业科学、高效、可持续地发展和壮大。

二、图书馆的一般属性（社会属性）

图书馆作为社会科学、文化、教育系统的一个组成部分，具有它所属系统的一些共性，这些共性就是图书馆的一般属性，或称社会属性。图书馆的一般属性主要有社会性、学术性、服务性、教育性和中介性等。

（一）图书馆的社会性

图书馆作为社会各界共同使用文献信息的一个组织机构，图书馆的文献信息本身具有广泛的社会性。

第一，因为图书馆的文献资料是人们征服自然、改造自然和人类社会实践的历史过程的记录，它集聚了古今中外人类创造积累的知识，是人类智慧的结晶。因此，它是人类共同创造的精神财富。

第二，图书馆读者具有社会性。由于图书馆是面向全社会开放并为所有的社会公众服务的，所以图书馆的读者具有广泛的社会性。

第三，图书馆网络化是图书馆具有社会性的表现。目前，随着计算机和网络技术的发展，国家数字图书馆的建立，资源共享已成为现实，图书馆的社会性得以充分的体现。诸如编制联合目录、馆际互借等协作与协调活动等是其具体体现。

（二）图书馆的学术性

1. 图书馆工作具有学术性

图书馆的学术性表现在图书馆工作是科学研究的前期劳动和图书馆工作本身具有学术性两个方面。

由于图书馆尤其是大型图书馆收集了大量的甚至是从古代到现代所有的图书和最先进的信息资源，所以图书馆成为教学、科研和技术创新的窗口，图书馆工作本身体现了较强的学术性，而且图书馆的各项工作，如图书的分类、编目、组织管理、文献检索等都具有一定的学术性。学术性功能，必然伴随着工作要求的提升，如对图书馆的文献资料、读者、各项工作的技术方法进行深入的研究，从而摸索出规律性，不断提高工作质量和效率，特别是现代化图书馆的建设更需要研究新技术条件下图书馆的办馆理念、工作程序、技术方法等，以满足社会对图书馆文献信息服务工作的需求。

2. 图书馆工作是科学研究的基础

图书馆工作是科学研究的前期劳动，是构成科研能力的主要因素。科学研究是一种社会劳动，它具有明显的连续性和继承性，任何一个科研工作者在从事某项科研工作的时候，总是首先对所选的课题进行大量的调研活动，了解它的研究历史、目前的研究水平及今后的发展，以此作为定题的依据和进行科学研究创造的参考，使科研工作在前人已取得的基础上进行，这种科研前的准备工作，就是以文献调研为主的调研活动。图书馆及情报部门完整、系统地保存了记录人类知识和智慧的文献资料，是文献调研活动的主要承担者。所以说，图书馆的工作是科研工作的一部分，图书馆的工作是科研工作的前期劳动，具有学术性。

（三）图书馆的服务性

图书馆是通过文献资料的收集、整理、传播和利用，将一部分人的知识成果转移给另一部分人，在文献的传播和交流过程中表现出它的服务性，同时，图书馆作为信息服务产业的组成部分，其服务性更加明确。

图书馆收藏文献的目的在于用，图书馆存在的价值也在于用。因此，利用文献为用户服务是图书馆的根本职责和任务。图书馆的服务性从文献传递的过程中体现出来，它有公益性的特征，免费为读者提供精神文化产品，服务的成果表现为社会效益，而非经济效益。

图书馆既然是一个服务性的行业，就要求图书馆的工作人员应该具备从事这项工作所必备的各种知识，它包括专业知识、科学文化知识、外语知识、计算机应用能力等，并且熟悉馆藏、了解读者，具有良好的职业道德和奉献精神，只有这样才能充分发挥图书馆在人类社会中的作用。

（四）图书馆的教育性

图书馆的功能是通过文献资料传播科学文化知识，为读者提供终身教育，以促进社会和谐发展，所以它具有教育性。

图书馆是人们进行终身教育的场所，读者利用图书馆的文献资料不断提高自己的综合素质，以满足社会科学技术飞速发展的需求，图书馆的教育既是学校教育的补充，也是学校教育的继续。

图书馆的教育形式灵活多样，既可通过推荐文献资料、辅导读者阅读，也可以举办各种讨论会、学术报告会等，以激发读者的学习兴趣，满足读者对知识的各种需求。

图书馆的教育对象十分广泛，一切能够利用图书馆的社会各阶层人士都是它的教育对象，任何年龄、职业、种族、信仰、受教育程度的读者，都可以按照自己兴趣和需要，在浩如烟海的知识海洋中汲取自己所需要的科学文化知识。

（五）图书馆的中介性

图书馆的中介性是其本质属性，它对图书馆的存在起了决定性的作用。

图书馆是社会知识、信息、文化的记忆和扩散装置。而"记忆"和"扩散"的载体就是文献，文献存在于图书馆之中，图书馆就是文献传递的介质，文献借助图书馆在时空中得以传播。这一传递渠道被称为文献交流的正式渠道；而文献的直接传递，则被称为非正式渠道。可见，图书馆在文献交流的过程中，的确是处于一个中介的地位。在人类的精神生产过程中，图书馆处在流通领域的地位，它在文献和读者之间架起了一座联系的桥梁，这是人类文明进步的产物。信息化社会的到来，以及电脑、网络技术在图书馆中的应用，使图书馆走上了电子化、数字化、虚拟化的发展道路，电子网络图书馆在信息的虚拟链接和信息的保存方面承担起其他信息机构所无法承担的责任。这样，人类的交流就会更迅速、更准确、更方便。

图书馆的中介作用是通过图书馆工作体现来的。图书馆工作的实质就是转换文献信息，实现文献的使用载体形态信息和表达人类思想和研究成果的内容信息，图书馆工作的任务就是充分揭示文献的形式信息和内容信息，从而使文献的内容信息得以传播。图书馆工作的各个环节，包括采购、分类、主题标引、编目、保存、借阅等都是为了实现传播文献内容信息的目的。因此，它们也都体现出了图书馆的中介作用。此外，在商品社会中，文献作为一种商品，其价值可以被分割为两部分：一是商品价值，由文献的生产和发行部门来实现；二是内容价值，通过文献信息的使用来实现，即这部分价值要随着文献信息的使用价值的实现而实现。图书馆用户阅读文献资源实现了文献内容价值的一部分，还必须通过实践才能实现文献的全部内容价值，其途径是创造出新的产品，由产品的价值和获得的资本价值来确证文献的价值，或创造出新的文献信息。图书馆的中介作用，主要体现在它能够实现文献的部分内容价值和使用价值，使用户能够通过图书馆获得所需要的文献信息，为文献信息价值的开发与转化提供渠道。

第四节 数字化对传统图书馆的挑战及应对

目前，网络技术迅猛发展，在信息和知识的传播途径上，与传统方式形成了显著的区别。现代社会网络信息已经覆盖到各个层面，如果想要在所有的信息中及时地找到自己想要获取的知识，就必须加强对信息资源的掌控。有效地利用分类和数字化的操作方式，有利于促进寻找和筛选能力的提高。图书馆是一个信息资源的集合体，用户也日益多元化，对信息的获取也越来越多元化、专业化，要求文献查询成为准确、快速、资源新、全面的信息服务。在大量数据信息存在的前提下，将图书馆系统设置成更具个性化和有针对性的数字化信息系统，从而帮助用户获得较完善的服务。数字化图书馆是用数字技术处理和存储各种图文并茂文献的图书馆，实际上是一种多媒体制作的分布式信息系统。它把各种不同载体、不同地理位置的信息资源用数字技术存贮，便于跨越区域、面向对象的网络查询和传播。它涉及信息资源加工、存储、检索、传输和利用的全过程，也可以说是采集记录状态的人类思维成果——文献信息，经过整序后，为需求者提供人类一切现存的数字文献信息保障，以保证人类社会历史进程认知的延续和世代传承的世界数字图书馆网络体系。

一、数字化图书馆的主要特点

（一）数字信息存储格式的多样化模式

如今，图书馆已经不再是单一的纸质图书汇集的场所，从单一的纸质文献变成纸质、电子、数字、本地、远程都有，从而满足用户对文献信息资源的多样性需求。数字信息资源可以说是数字化图书馆的重要基础，在数据信息不断发展的过程中，互联网技术的有效利用，结合图书馆的信息采集，在信息处理和信息存储的工作任务上愈加复杂。图书馆成为拥有多媒体和数字化信号的数字化图书馆类型。

例如，从图书馆数字化的角度来观察，主要目标就是形成"统一标准，整齐划一，联合共建，共享资源"的新类型。在对数字化图书馆进行调查研究以后，发现数字化的图书馆系统应该由多个系统构成，包含采集系统、加工系统、处理系统、组织系统以及应用系统。

（二）数字化图书馆不受空间与时间限制

从图书馆数字化运行的角度出发，它必须有良好的网络空间作为支撑。在实现数字化的基础上，对于信息的存储也不会受到时间和地域的限制。同时，数字化信息应该足够明确，在具备网络环境作为支撑的条件下，会根据人为添加的限制条件进行明确的划分，数字化图书馆在不同的应用需求方面有合理的层次。在针对多个数字图书馆的设置中，能够充分展现协调优势性，达到最终的信息共享。读者可以不受时间、地点和空间的限制，可使用各种移动设备，随时随地进行信息查询、浏览，灵活、方便地获取其所需的资源信息。

（三）运行过程中支持多媒体和多国语言的形式

图书馆数字化信息资源的配置应该具有全面性，传统的图书馆多是一些纸质文献，而在数字图书馆中资源的合理布局体现在多个方面，包含图像、影音等多媒体种类和形式。它在存储的过程中，有效地结合了录音、录像以及光盘等种类。在具体设置的语言层面上，因为数字化图书馆的受众群体是比较广泛的，因此，应该满足不同国家地域间的人都可以进行有效操作的需要，应该形象生动地展示语言类型，满足不同文化背景和语言的人群进行准确的使用，实行多元化服务，能更大程度地唤起公众对图书馆的关注，吸引人们更多地利用图书馆信息资源。

（四）信息检索功能具有智能化

由于图书馆数字化在操作的开始阶段，数字图书馆普遍关注提供海量的数字资源，而忽略了检索和推荐等功能，信息检索在图书馆数字化资源的建设中起到了相当重要的作用，要帮助人们找到自己所需要的信息，必须有效借助智能化的搜索引擎和交互式的多媒体检索工具。在将大量的多媒体信息进行统计后，对于搜索过程要有准确的定位。在大数据库的基础上，利用统一的检索平台完成对需要信息的准确提取。同时，整个过程应该能够主动过滤无用并且重复的信息。这也是数字图书馆深入发展的一个趋势，加强后台数据管理与分析处理能力，带给用户更加实用和个性化的检索体验。

例如，利用关键词检索、主体检索以及逻辑检索等方式，在通过检索词的方式进行操作后，在海量的信息中，借助智能化的搜寻方式和人性化的操作界面，准确实现对需要信息的检索过程。当然，对于呈现出来的信息，也可以有多种形式能够表达。

二、数字化对传统图书馆的挑战

数字化时代的到来对传统的图书馆发展模式产生了冲击。互联网、云计算、微博甚至微信已经成为普通百姓生活的重要内容，人们可以手指轻轻一点，便能从网络上了解到自己所需要的海量数据。而大数据的出现、大数据时代的到来更是深刻影响到图书馆这一以存储、传播知识为取向的重要场所。

大数据开启了一次重大的时代转型，正在改变我们的生活以及理解世界的方式，成为新发明和新服务的源泉。大数据时代，图书馆面临的挑战是多方面的。例如，图书馆拥有大数据的多少和处理数据的能力将是判断图书馆服务水平的重要指标；在服务读者的过程中，利用大数据对读者的行为进行分析并得出可进行二次利用的结论将是图书馆的重要工作。

三、数字化对传统图书馆所带来挑战的应对

面对数字化的挑战，传统图书馆应当具有担当精神，勇于变革，勇于创新。当前最紧要的任务还是加大数字化图书馆的建设。相对于传统图书馆来说，数字图书馆的优势是非常明显的，如信息储存空间小，而且不易被损坏；信息的查阅和检索都非常方便；不须专程前往，只须登录网站即可获取信息；信息使用效率极高，同一资料可同时供多人使用等。

自从我国开始建设数字图书馆以来，数字图书馆发展迅速。但近些年我国数字图书馆建设也遇到了诸多的问题和困难，这些问题和困难包括：传统和现代的转换问题，传统图书馆是否需要继续存在；资源浪费比较严重，主要是图书馆在建设中各自为政，低水平重复建设，缺少合作建设；信息版权需要法律介入，图书馆无法取得每一位著作者的授权，上传作品遇到了法律瓶颈；图书馆员的素质有待提高，最主要的问题是图书馆员的专业知识和技能普遍不能适应数字图书馆的发展要求，图书馆员的自身素质亟待加强。

（一）保留传统图书馆特色，着力发展数字图书馆

数字图书馆的优势非常明显：无须直接造访图书馆就可以在任何有计算机和网络的地方查询信息、阅读书籍；计算机搜索引擎比传统搜索信息的方法更易于得到想要的信息并方便地实现信息共享和储存；随着支撑技术价格的下跌，数字图书馆将会变得越来越便宜，成本将会越来越低；等等。

尽管如此，并不是说传统图书馆就应该马上停办而全盘转变为数字图书馆。一方面是因为数字图书馆技术还不够成熟，更多的原因则是来自个人和组织的有效利用技术的能力、吸收必然变革的能力以及建立必要的社会框架的能力。要从总体上由传统图书馆转换到数字图书馆，需要所有参与者在经济、社会和法律关系方面发生相应的变化。从目前来看，最明智的办法是既保持传统图书馆的特色，又为读者提供数字化服务，即传统图书馆与数字化图书馆共存。如此一来，出版社仍然可以保持其传统出版物的巨大市场；读者也可以在方便检索、阅读的同时，享受传统的纸质阅读所带来的愉悦。

（二）强化馆际合作，避免低水平重复建设

由于业内普遍看好数字图书馆的前景，国内目前已经建起了数百家数字图书馆，但是，这些馆各自独立，数字化标准格式不统一，相互之间不兼容，读者检索起来很困难，成为数字图书馆发展中亟待解决的问题。

首先，统一标准。有了标准，才能把各单位开发出来的信息资源按统一的格式组织起来，既能和国际网络接轨，更能为各单位所共享，形成整体性信息资源；也才能用统一的检索标准建立起分布式的存储和检索系统，使信息资源能为广大用户方便利用。标准化是建设数字图书馆的重要保证。

其次，注重合作，防止重复建设。图书馆界应该在认识到自身是建设主力的同时，主动与信息技术界、企业界等建立友好合作关系，广泛吸收资金、技术和人力，共同开展试验。应该加强数字图书馆的宏观管理，做好有关的协调工作。一是加强国际合作。例如，加大与世界数字图书馆（The World Digital Library）中其他成员的合作，学习借鉴其运作模式和技术手段等。二是加强国内图书馆的合作，如同一本书的数字化就没有必要进行重复，完全可以实现交互使用。图书馆之间也可进行数据的合作使用、开发，如2012年，哈佛大学图书馆开始将其汇总的由73家图书馆提供的图书大数据向公众开放，数据内容包括方方面面，方便公众查阅。

（三）锻造队伍，积极培养高素质的适应性人才

随着国内数字图书馆建设的发展，数字图书馆专业技术人才匮乏的问题越来越突出，

数字图书馆教育培训严重滞后于数字图书馆建设的实际需要，人才短缺已成为制约数字图书馆发展最严重的问题之一，培养高素质适应性人才是数字图书馆建设及运转的关键性因素。大数据时代到来后，掌握大数据应用分析方法的技术人才和数据科学家更为紧缺。

首先，应该对数字图书馆的建设及其所发挥的作用进行广泛的宣传，让公众认识到图书馆工作人员的工作对数字图书馆的发展具有关键性作用。从而进一步提高图书馆工作人员的地位和待遇，让包括图书馆馆长在内的图书馆工作者为从事该项工作而感到骄傲和自豪。

其次，扩大招聘优秀人才的广度。数字图书馆需要专家，这些人不一定只是职业的图书馆员，或者拥有图书馆专业学位的人。数字图书馆的建设和运转需要大量的计算机专家和律师，需要加大在相关人才上的招聘力度，并想办法将这些人融入数字图书馆的高度结构化的组织当中。

最后，加大教育培训的力度。特别是在培训中需要加入与数字图书馆发展相配套的培训内容和研究计划。

第二章 数字化图书馆信息资源建设与服务

第一节 图书馆信息资源概述

一、信息资源的相关概念

信息资源是相对于天然资源的社会智力资源，是人类社会智力的结晶，是无价的财富。为了使无价的财富为人类发挥更大的作用，人们对信息资源的组织、管理、建设、开发、利用进行了深入的研究。虽然成果颇丰，但目前对信息资源的概念却众说不一、各抒己见，还没有一个大家都完全认可的、权威的观点面世，对其还有待进一步探讨和完善。

"信息资源"（Information Resources）是一个具有丰富内涵的术语，是信息概念与资源概念交互衍生而成的新概念。

（一）信息

信息（Information，港台地区汉译为"资讯"）是信息科学的基本概念，也是当代图书馆学研究的出发点。

迄今为止围绕"信息"定义的流行说法不下百种，归纳起来，可概括为两大类：

从广义上理解，信息可以认为是物质的一种属性，是物质存在方式和运动规律与特点的表现形式，包含了与客观世界和人类社会相关的各种信息现象。代表性定义有："信息是组织程度的度量，信息是有序程度的度量，信息是负熵，信息是用以减少不定性的东西。"[1] "信息这个名称的内容就是我们对外界进行调节并使我们的调节为外界所了解时与外界交换来的东西。"[2] "信息是事物相互作用的表现形式，是事物联系的普遍形式，信息是被反映的物质属性"[3] 等。1978年在日本召开的国际会议上为"信息"所下的定义是："信息概念所概括的，是与信息加工系统的研究、制造、使用和物质技术服务相关的领域，同时包括机器、设备、软件和组织方面，还有工业、商业、管理、社会和政治作用的组

---

①钟义信. 信息科学原理 [M]. 北京：北京邮电大学出版社，1996：36.

②N. 维纳. 人有人的用处：控制论与社会 [M]. 北京：商务印书馆，1978：9.

③钟义信. 信息科学原理 [M]. 北京：北京邮电大学出版社，1996：36.

合。"① 这种"信息"概念试图将社会生活的一切方面都包括在其外延之中。

从狭义上理解，信息是一种消息、信号、数据或资料，在多数时候指已经分门归类或列入其他构架形式的数据："信息是加工知识的原材料，信息就是数据。"② 马克·波拉特提出："信息是经组织化而加以传递的数据。"③ 信息经济和知识经济研究中的"信息""信息资源"概念，或人们从具体领域的操作角度使用"信息"概念时，往往指的是狭义层次的信息。

信息定义之所以复杂多样，一是因为信息现象自身的普遍性、多样性，各种信息定义从不同角度反映了信息的基本特性，反映了人们对信息现象不同方面的认识；二是不同领域由于研究和操作的需要提出适合本领域的信息定义。这些定义并非矛盾和不相容的，它们共同向人们揭示了信息现象的各个方面。在理解信息定义时，应当注意人们是在不同的层次，为了不同的目的研究信息现象的。

综合广义和狭义信息概念，我们为信息做出如下定义并界定其范围：信息是再现的差异，是事物（包括客观事物和主观思维）的运动状态和过程以及关于这种状态和过程的知识；信息是用来消除不确定性的，它是生物、人以及具有自动控制系统的机器，通过感觉器官和相应的设备与外界进行交换的一切内容；信息可以以消息、信号、符号、数据等形式来表达、存储、传递、处理、感知和使用。

这个定义的合理性在于：它将每个人的日常活动中与周围世界的信息所产生的联系都包括在内，而不局限于某个特定的专业领域；同时，它也并不排斥狭义的信息概念，而是将以数据、资料等编码形式存在的经过加工、整序的信息看作是信息这个大概念中的一个特别重要的部分，即所谓的"信息资源"。我们在日常生活中所利用的信息并非全部是经过加工、整序的信息，而这些非加工、未整序信息对于人们认识世界和自身所处的环境，进而采取行动，同样具有不可忽视的作用。

（二）资源

资源通常被解释为"资财之源，一般指天然的财源"（《辞海》）。由于人们在研究领域和研究角度上存在着差别，资源又有广义、狭义之分。

广义的资源指人类生存发展和享受所需要的一切物质的和非物质的要素。因此，资源既包括一切为人类所需要的自然物，如阳光、空气、水、矿产、土壤、植物及动物等，也

---

① B. C. 戈特. 信息学的社会作用和哲学方法论问题 [J]. 哲学译丛，1985（6）：10.
② 钟义信. 信息科学原理 [M]. 北京：北京邮电大学出版社，1996：36.
③ 马克·波拉特. 信息经济论 [M]. 长沙：湖南人民出版社，1987：3.

包括以人类劳动产品形式出现的一切有用物，如房屋、设备、其他消费性商品及生产资料性商品，还包括无形的资财，如信息、知识和技术，以及人类本身的体力和智力。由于人类社会财富的创造不仅来源于自然界，而且还来源于人类社会，因此资源不仅包括物质的要素，也包括非物质的要素。

狭义的资源仅指自然资源，联合国环境规划署（UNEP）对资源下过这样的定义："所谓自然资源，是指在一定时间、地点的条件下能够产生经济价值的、以提高人类当前和将来福利的自然环境因素和条件的总称。"《英国大百科全书》中把资源说成是人类可以利用的自然生成物以及生成这些成分的环境功能。前者包括土地、水、大气、岩石、矿物及森林、草地、矿产和海洋等，后者则指太阳能、生态系统的环境机能、地球物理化学的循环机能等。

既然"信息"和"资源"都有广义和狭义之分，而信息资源概念是信息概念与资源概念交互衍生而成的新概念，笔者认为，信息资源概念也应从广义和狭义两种角度来认识和理解。

（三）信息资源

1. 广义信息资源

广义信息资源是指人类社会活动中积累起来的信息、信息生产者、信息技术等要素的集合。换言之，广义信息资源主要由三部分组成：第一，人类社会经济活动中经过选取、加工、组织、序化的有用信息的集合；第二，为某种目的而生产有用信息的信息生产者的集合；第三，加工、处理和传递有用信息的信息技术、设施的集合。

从广义角度来理解信息资源，有助于全面把握信息资源的内涵。因为根据系统论的观点，整体大于部分之和。在广义信息资源三大要素（信息、信息生产者、信息技术和设施）中，任何一个要素都不可能单独发挥作用，只有将它们按一定的原则加以配置组成一个信息系统，才能显示出价值，而这种价值的大小又在很大程度上取决于上述三要素的配置方式和配置效率。

2. 狭义信息资源

狭义信息资源相当于广义信息资源所包括三部分内容的第一部分，即狭义信息资源是指人类社会经济活动中经过选取、加工、组织、序化的有用信息的集合。

从狭义角度来理解信息资源，有助于把握信息资源的核心和实质。信息资源之所以能成为继材料、能源之后的第三大资源，成为无价的财富，主要是因为其中所含的有用信息能够消除或减少人类在社会经济活动和科学活动中的不确定性、帮助人们进行决策、减少活动中的其他物质资源和能源资源的损耗、降低成本和节省开支，而信息生产者、信息技术和设施仅仅是信息生产的外在条件而已。

二、信息资源的特征与作用

(一) 信息资源的主要特征

信息资源的特征是什么？如果从全面性这个角度出发，应该从广义信息资源的组成成分来探讨这个问题。从这个意义来说，信息资源具有如下特征：

1. 有限性

信息是普遍的、无限的，有物质的地方就一定有信息存在。只要物质不灭，信息就会像物质一样永恒地存在。物质取之不尽，信息就用之不竭。信息资源仅是信息中的一部分，是经过人类选择的有用的那部分信息，是有限的。信息犹如无边无际、无始无终的宇宙，是无限的，信息资源好似太阳或地球，是有限的。这是就其存在来说的。另外，从人类对信息资源的需求来看，是无限的，与这种无限的需求相比，人类所拥有的信息资源永远是有限的。

2. 潜在性

与其他有形的物质生产要素不同的是，信息作为生产要素是以一种潜在的方式存在的，只有被利用后，其作用才能体现出来。例如，图书馆中大量的信息以文献的形式存放着，只有当读者去阅读并获得知识后，这些信息才能发挥作用——形成智力传播；市场调查公司做出的市场分析报告并不具有直接的价值，只有当用户根据它来调整未来发展战略并取得经济效益后，其价值才真正体现出来。

3. 可塑性

信息创造的价值的大小不仅取决于信息本身，更取决于信息如何利用。同样一条信息，如果能被很好地利用，就能产生巨大的经济效益；如果人们忽略，则一钱不值。另外，信息可以重复使用，其价值的实现方式取决于其被利用的方式。例如，一项科研成果中包含的信息如果被用来改进工艺，其价值体现为提高生产效率；如果被学校用来进行教学，其价值就表现为提高学生的知识水平。

4. 共享性

共享性是信息资源的一种本质特性，信息资源在很多情况下（专利信息除外）都被视为不具备排他性的公共产品，对信息资源的利用不受人为干扰。随着信息技术的发展，信息的共享性表现得更为明显。例如，各种媒体传播的信息可以供范围广大的消费者共同使用（电台、电视台的天气预报信息）；通过现代通信手段发布的金融和证券的行情，使投资者可以对市场趋势做出自己的判断并实施相应的投资操作；特别是电脑网络的迅速发展和普及使信息的传送几乎免费，人们收集信息的成本大幅度降低，信息共享性在网络时代得到最充分的体现。

5. 时效性

同一信息资源并不能永久被利用下去，随着时间的推移，信息资源会失去利用价值。因为从信息资源本身看，信息是事物运动状态和方式，在时间的流逝过程中，事物的运动状态和方式在发生变化，这样原有的状态和方式与现在的状态和方式会出现某种程度的不符，从而原信息逐步过时老化，一条过时的信息可能一文不值。当然，信息资源具有时效性并不意味着开发出来的信息资源越早利用就越好，早投入利用固然可能易于实现其使用价值，但也有相反的情形。随着时间的推移，某些信息资源可以不断增值。因此，利用者要善于把握时机，只有时机适宜，才能使信息资源发挥效益。

6. 人为性

人为性包括两个方面：一方面是指信息资源是人类所开发与组织的信息，是人类脑力劳动或者说认知过程的产物；另一方面是指信息资源的生产、组织、建设、开发、利用过程中人类所发明或创造的技术和设施。例如，古时候，人类掌握了造纸技术，发明了活字印刷，才有了纸质文献；今天，人类掌握了计算机技术、数据库技术、激光技术、网络技术等，才有了光盘信息资源、数据库、网络信息资源等。信息资源的人为性特点正是我们组织、建设、开发、利用信息资源的理论依据。

7. 有序性

信息浩如烟海，且杂乱无章，处于一种混沌无序状态，面对浩瀚无垠的信息海洋，人们常常望洋兴叹。"信息爆炸""信息污染""信息垃圾"，大量无序、无用的信息，常常造成信息通道的拥塞，使信息的传递发生迟滞性干扰，人类也无法利用。而信息资源则是人类按照一定的次序组织起来的信息，具有序列性。

8. 积累性

信息资源是有用信息的总和或集合。一条信息构不成信息资源。只有经过一定时间积累使信息达到一定的丰度和凝聚度，才能成为信息资源。正是这种积累性，才使不断流散在空间和时间中的信息，能够汇集到信息机构，跨越时空限制，从不同角度、不同方向满足人们特定的信息需求。

9. 整体性

信息资源作为整体是对一个国家、一个地区或一个组织的政治、经济、文化、技术等的全面反映，信息资源的每一要素只能反映某一方面的内容，如果割裂它们之间的联系则无异于盲人摸象。整体性要求对所有的信息资源和信息资源管理机构实行集中统一的管理，从而避免人为分割造成的资源重复和浪费。

（二）信息资源的作用表现

随着科学技术成为第一生产力和信息时代的到来，信息资源已同能源、材料一样，成为社会经济和科学技术发展的三大支柱，对社会的发展起着举足轻重的作用。

1. 有助于推动社会经济发展

现代理论认为，除了劳动者、劳动工具和劳动对象这三个要素外，信息也是社会生产力的重要构成要素。信息作为生产力要素具有特殊性：一方面是一种有形的独立要素，与劳动者、劳动工具、劳动对象一起，共同构成现代生产力的基础；另一方面又是一种无形的、寓于其他要素之中的非独立要素，通过优化其他要素的结构和配置、改进生产关系及上层建筑的素质与协调性来施加其对生产力的影响。

信息要素的注入有助于提高生产力系统中劳动者的素质，缩短劳动主体对客体的认识及熟练过程，使各生产要素以较快较佳的状态进入生产运行体系，从生产过程的时效性上表现与发挥其生产力功能。信息要素通过与生产力系统中的不同决策管理层的相互作用，可以实现生产要素的最佳组合，增强管理层与管理对象之间的可知度和透明度，提高生产力系统运行的有序度，从而提高生产率。信息要素的投入还有助于引发对生产过程、生产工具、操作方法和工艺技术等的革新与创造，提高生产力系统的质量与效率。

信息资源的生产力作用是在信息要素和信息技术要素（两者同是信息资源的重要因素）有机结合的条件下实现的。在信息技术的支持下，信息可以有效地改善其对生产力各要素影响的条件，它给社会生产力带来的变化不是一般意义上的效率提高和功能的改善，而是从质到量的深刻变革。

信息资源还可以直接创造财富，实现经济效益的增长点。信息不但本身就是财富的象征和源泉，而且可以通过流通和利用直接创造财富。其主要途径可以归纳为：第一，运用信息可以使非资源转化为资源创造财富；第二，使用信息取代劳动力、资金、材料等资源创造财富，实现经济效益倍增；第三，直接让信息作为商品在市场流通中创造财富；第四，通过现代信息技术缩短信息流通时间实现财富增值；第五，通过运用信息资源扩大财富增值空间创造财富；第六，通过信息自身的积累、增值创造财富；第七，通过信息进行科学决策、减少失误创造财富。

2. 信息资源是作为科学决策的重要依据

人类为了创造更多的社会物质财富，就需要制定各种相应的战略措施和政策。在决策之前，需要利用经过加工、分析、评价了的信息资源中有用的信息，结合人们的经验，运用科学方法，经过推理和逻辑判断，把被研究的对象的不确定性极小化，从而做出科学的决策。

3. 有利于科学研究与技术开发

科学研究和技术开发，都是在前人已经取得相应成果的基础上进行的。在人类从事科学研究和技术开发的各个阶段，都需要获取和利用信息资源中的相关信息，以此掌握方向、开阔视野、启迪思维，完成科学研究和技术开发，生产出新知识、新理论、新技术和新产品。

4. 能够为人们提供丰富的精神食粮

一个国家的实力水平和一个国家的民族素质息息相关，而民族素质的提高有赖于这个国家的教育程度。如今人们接受教育的普遍方式之一，就是利用信息资源。信息资源中蕴含着丰富的精神食粮，人们可通过信息资源中的科学知识、优秀文化、社会哲理、英模事迹、道德风尚，陶冶情操，感化自己，充实自我，从而提高国人的民族素质。

一个国家精神文明建设的程度如何，直接反映着一个国家的社会发展水平，同时，精神文明建设搞好了，能直接促进社会的物质文明建设。中国还是一个物质文明不十分发达的国家，就更需要去充分利用信息资源中丰富的精神食粮，促进精神文明的建设。

三、图书馆信息资源的基本类型

（一）信息资源的类型划分

关于信息资源的划分，目前还没有固定的标准。人们分析问题的角度不同，其分类结果也就不一样。

1. 从广义上理解

（1）按照信息资源的组成与内在关系，信息资源可分为以下类型：

第一，元信息资源。元信息资源是指信息生产者、信息产生者的集合。其中，信息生产者是指能够创造并生产出有用信息的人或者机构；信息产生者则是指无意识地向人类社会发出的各种信息（如气候信息、地形信息、矿产信息等）。元信息资源是信息产生的源泉，是信息资源的基础。

第二，本信息资源。本信息资源是指信息内容本身，是信息的集合。它是构成信息资源的核心部分，是信息资源组织和管理的重要内容。

第三，表信息资源。表信息资源是指为信息的收集、存储、加工、处理、传递、开发、利用而使用的一切技术和设备的集合。表信息资源是信息得以显现的重要基础，也是信息得以充分开发利用的必要条件。表信息资源既包括以计算机技术和通信技术为核心的信息技术和网络技术，也包括计算机与通信设备，以及纸张、光盘、胶片、软盘、磁带等各种介质，甚至包括人脑。

（2）按照信息资源的实虚形态，信息资源可分为以下类型：

第一，有形信息资源。有形信息资源主要包括：①信息人力资源。包括信息的生产者、开发者、使用（消费）者等。②信息的存储介质。包括纸张、磁盘、软盘、优盘、光盘、录音带、录像带、胶片等。③信息设备。包括计算机、电视机、收录机、电话、手机、网络设备等。

第二，无形信息资源。无形信息资源包括信息内容本身、信息系统软件以及信息系统或者信息机构的运行机制等。

（3）按照信息资源的空间分布范围，信息资源可分为以下类型：

第一，国际信息资源。国际信息资源（又称世界信息资源）是指通过网络将分布在世界各国的信息资源（包括各种数据库、计算机、信息用户、信息生产者）连接起来的一个全球信息共享联合体。当前世界最大的国际信息资源是因特网，它已经覆盖了100多个国家和地区，连接了数以万计的网络和主机。

第二，国家信息资源。国家信息资源泛指某一个国家资源的总和，它是通过网络将全国的信息资源（包括各种数据库、计算机、设备、信息用户、信息生产者等）有机连接在一起，实现本国范围内信息资源共享。

第三，地区信息资源。地区信息资源（又称部门信息资源）是指某个省、市、部门或系统的信息资源的总和。地区信息资源是国家信息资源的重要组成部分，在国家信息资源网络未建成之前，它起着实现区域信息资源共享、推动经济与社会快速发展的积极作用。

第四，单位信息资源。单位信息资源是指某一企业、院校或机关信息资源的总和。它是实现国家信息资源、地区信息资源、专业系统信息资源共享的最基本的条件。

2. 从狭义上理解

（1）按照信息资源的加工程度，信息资源可分为以下类型：

第一，一次信息资源。一次信息资源是指原始信息的集合，包括决议、报告、记录、心得、经验、消息、创作和研究成果等为内容的原始资料。这些原始文献信息，无论已刊（包括初版和再版）、未刊（包括手稿和各种档案资料）的文献，均属于此范围。

第二，二次信息资源。二次信息资源是指对原始信息加工处理后的信息。包括卡片、目录、索引、文摘等。这种信息已经变成有序的、有规则的信息。它易于存储、检索、传递和使用，有较高的使用价值。

第三，三次信息资源。三次信息资源是指通过二次信息提供的线索，对某一范围内的一次文献信息进行分析、研究而加工生成的第三个层次的信息，包括综述、述评、专题研究报告、百科全书等。这种信息产生的源头不是直接的人类社会活动，而是人类研究的结晶。

（2）按照信息资源的管理和开发程度，信息资源可分为以下类型：

第一，记录型信息资源。记录型信息资源包括由传统介质（纸张）和各种现代介质（如磁盘、光盘、缩微胶片等）记录和存储的知识信息，包括各种数据库、书籍、期刊等。它是信息资源的主要形式和主体，其特点是存储和传递不受时空的限制。

第二，实物型信息资源。实物型信息资源是指由实物本身存储和表现的知识信息，如某种样机、样品、模型等。这些实物本身就代表一种技术信息。实物型信息资源是记录信息资源的补充。

第三，智力型信息资源。智力型信息资源是指人脑存储的、可以为社会提供各种咨询服务的知识信息和经验。智力型信息资源随着咨询业的兴起而显得越来越重要。

第四，零次信息资源。零次信息资源是指通过口头携带和传播的信息资源，如谈话、授课、演讲、讨论等。

（3）按照信息的保密程度，信息资源可分为以下类型：

第一，公开信息资源。公开信息资源又称"共享信息资源"。公开信息资源的数量最大，而且能够作为信息商品进入流通领域。

第二，半公开信息资源。半公开信息资源是指内部信息资源以及所谓的"灰色"出版物。

第三，非公开信息资源。非公开信息资源是指不宜作为信息商品进入流通领域的信息资源，如机密信息资源。

（4）按照信息的存在状态，信息资源可分为以下类型：

第一，潜在信息资源。潜在信息资源是指个人在认知和创造过程中储存在大脑中的信息资源，它们虽能为个人所利用，但一方面易于随忘却过程而消失，另一方面又无法为他人所直接利用。

第二，现实信息资源。现实信息资源又可分为人体载体信息资源、文献信息资源、实物信息资源和网络信息资源。①人体载体信息资源。按其表述方式又包括口语信息资源和体语信息资源。口语信息资源是人类以口头语言所表述出来而未被记录下来的信息资源，如谈话、授课、讲演、讨论、唱歌等。体语信息资源是以人的体态表述出来的信息资源，如表情、手势、姿态、舞蹈等。②文献信息资源。是以文献为载体的信息资源。文献信息依据其记录方式和载体材料又可分为印刷型、缩微型、机读型、视听型。③实物信息资源。是指以实体为载体的信息资源。依据实物的人工与天然特性又可将实物信息资源分为以自然物质为载体的天然实物信息资源和以人工实物为载体的人工实物信息资源（如产品、样品、样机、模型、雕塑等）。④网络信息资源。指从计算机技术、通信技术、多媒体技术相互融合而形成的网络上可查找到的资源。

（二）图书馆的主要信息资源

信息资源类型林林总总，但不是所有的信息资源类型都存在于图书馆中，实际上图书馆只包含一部分的信息资源类型。当然，图书馆是主要的信息资源收藏中心，虽然不包含所有的信息资源类型，但其收藏的信息资源数量占整个信息资源数量的比例较大，其信息资源为人们进行学习、交流、研究提供了极大的便利，因此，研究图书馆的主要信息资源将有重要的意义。

计算机网络还没有出现之前，图书馆的信息资源主要是文献资源。如今，随着计算机、网络技术的高速发展，在网络环境下的图书馆信息资源除了文献资源（也称实体资源）外，还有网络信息资源（也称虚拟资源）。

1. 文献资源

（1）图书。图书主要指以印刷方式单本刊行的出版物，包括汇编本、多卷书、丛书等。它是人们为系统地传播知识或经验而写成并出版的文献。由于图书往往是以原始记录为素材，对某一领域进行系统阐述，或对现有成果、技术和经验进行归纳、概括而成，因此，内容比较成熟、全面、系统、可靠且具有一定的新颖性。但由于其编著和出版的周期较长，因而其内容一般缺乏最新的研究成果，但对于了解和掌握某一学科的系统知识，还是有重要参考价值的。

（2）报纸。以刊载新闻和评论为主的定期出版物。在国外，有的称其为新闻纸。它具有固定名称，多数每日出版，也有隔日或每周出版的。随着现代社会生活的发展和读者对信息需求的多样化，除了以传播新闻和评论为主的报纸外，还有以传播知识、提供娱乐或生活服务为内容的报纸。报纸因其具有时事性、普及性、大众性、服务性和传递信息迅速、信息量大的特点而受到广大读者的喜爱，成为一种十分重要的信息来源。

（3）期刊。期刊有固定的名称，定期或不定期地用卷、期或年、月顺序编号，成册的连续出版物。期刊由于出版的周期短，能及时反映新理论、新技术和新方法，知识新颖，起到了迅速传播新研究成果的作用。

（4）特种文献。①科技报告。科技报告是科研人员进行项目研究的实际记录，包括阶段报告、成果报告和总结报告等，多以其编辑出版机构的名称作为总的固定名称，并标有连续编号，每一报告为一项专题资料，自成一篇（册），不定期的出版物。科技报告研究的多是重大的课题，涉及基础理论和应用技术研究的各个重要领域，往往代表一个国家或专业领域的最高研究水平，因而很受广大科研人员和生产单位的重视。②政府出版物。政府出版物是各国政府及其所属部门公开发表、出版的各类文献的总称。它又分行政性文件和科技文献。③会议文献。会议文献是指在各种国内外学术会议上宣读、交流的论文、报告及其他有关文献。④专利文献。专利文献是记载有关发明创造信息的文献。它包括专利说明书、专利申请书、专利公报、专利文摘、专利索引、专利分类表等。⑤技术标准。技术标准是标准化组织或有关机构对工农业产品和零部件的质量、规格、生产过程和检验方法等所做的技术规定。⑥学位论文。学位论文是高等学校和科研单位中的本科生、研究生为获取学士、硕士和博士学位而撰写提交的学术论文。⑦产品文献。产品文献是企业为宣传自己的产品而编印的有关资料。包括产品样本、产品说明书、产品目录和产品广告等。

（5）缩微文献。缩微文献又称缩微复制品。它是用摄影的方法，将文献缩小复制在感光材料上，然后借助阅读设备进行阅读的一种文献。

（6）机读文献。机读文献是将文字、声音、图形、图像等信息以数字代码方式存储在磁、光、电等介质上，通过计算机或类似功能的设备阅读使用的文献。

（7）视听文献。视听文献是以电磁材料为载体，以电磁波为信息符号，将声音、图像和文字记录下来的一种动态型文献，它必须通过视听设备才能阅读。

2. 网络信息资源

网络信息资源是指以数字化形式记录的，以多媒体形式表达的，存储在网络计算机磁介质、光介质以及各类通信介质上的，并通过计算机网络通信方式进行传递的信息内容的集合。虽然这部分资源也是以数据存储为记录方式，以光电介质作为传输介质，但无确切的实体形态，是只能依附网络的虚幻空间而存在的虚体资源。该类资源具有数量增长迅速、内容包罗万象、形式复杂多样、动态更新快速、获取方便快捷且不受时间、空间和多用户限制等优点，但也具有信息发布自由、分布广泛无序、传播范围广泛、质量控制难度大等特征。网络信息资源通常又依据信息资源的组织管理程度，细分为网络数据库资源和其他网络信息资源两大类。

（1）网络数据库资源

网络数据库资源根据其维护和使用权限还可细分为永久保存型资源、镜像服务型资源、网络服务型资源、链接存取型资源。

永久保存型资源：如馆藏书目数据库、馆藏数字化全文数据库、自建的特色与专题数据库等，从内容的取舍、组建到数据库的维护和存取都由该馆负责，该馆具有全部所有权，并提供全方位的查阅和存取服务。

镜像服务型资源：如国内外一些大型的数据库等，通过镜像的形式拷贝到图书馆内的服务器上供读者检阅和存取。尽管这类资源的保存和维护责任并不由使用馆承担，但它使用起来就如同本馆馆藏资源一样方便快捷，是如今馆藏资源的特殊构成部分。

网络服务型资源：如远程数据库，存放在远程服务器上，并由其他机构负责管理维护，使用馆通过谈判或协商取得对该资源的存取权限，并在本馆网页上设置链接点，点击链接点登录该资源库。这类资源使用馆只有使用权，在使用的过程中须定期支付一定的使用经费。

链接存取型资源：如因特网上各类免费使用的数据库资源，可以是保存或寄居在因特网的某一位置，图书馆只是通过捕获和筛选，并在本馆组织资源导航链接便可以提供存取服务。这类资源一般无确切的边界，具有流动性、临时性的特征，图书馆对其内容也无控制权限，但也起到丰富馆藏的作用。

（2）其他网络信息资源

电子图书：电子图书指完全在网络环境下编辑、出版、传播的图书。它的最大特点是一本书可以同时供多人阅读，大大缓解了有限的信息资源与无限的信息需求之间的矛盾。

动态信息：包括政府机构发出的消息、政策法规、会议消息、论文集、研究成果、项目进展报告、产品目录、出版目录、广告等。

交流信息：包括电子邮件、电子公告、新闻组、用户组、博客已成为信息交流的重要渠道，并成为网络信息资源的重要组成部分之一。

站点资源：包括大学、科研院所、企业、公司、信息服务机构、行业机构站点资源等。

另外，因特网上还存在着大量自由发布的无序的信息资源以及有组织形态但非正式出版系统所发布的信息资源。这类资源容量巨大，质量良莠不一，筛选难度大，很难形成体系，目前对其组织管理还处于探索性研究阶段。

第二节　图书馆信息资源建设理论

一、图书馆信息资源建设的含义

面对社会信息化程度的日趋强化和读者全方位的信息需求，如何营造一个全新的信息环境，如何进行合理的文献补充，完善原有的藏书体系和藏书结构，如何在网络环境下建设虚拟馆藏，正确处理好实体馆藏和虚拟馆藏之间的关系，进一步提高信息资源对读者的保障，进一步提高信息资源的质量，使图书馆信息资源更紧密地贴近社会、贴近读者，更好地为读者服务，是摆在图书馆面前的重要任务。

（一）信息资源建设概念的形成

社会的进步、科学的发展、文献类型的多样化以及计算机技术、现代通信技术和网络技术在图书馆和信息传播领域的广泛应用，促使文献资源建设理论发生了逻辑嬗变，经历了从最初的"藏书建设",到"文献资源建设",再到今天的"信息资源建设"的历史过程。这是一个由简到繁、由小到大、由具体到整体的演化过程,是内涵和外延不断加深和扩展的过程,它反映了这一研究领域理论的重大发展和变化。

1. 藏书建设

"藏书建设"这个词,由古代藏书采访演化而来,20世纪50年代,作为藏书补充的同义词开始出现在图书馆学的专业术语中。当时,对藏书建设的理解还比较狭窄,没有将藏书建设看作是一个完整的过程。到60年代,"藏书建设"一词开始被赋予新的含义,表示从藏书补充到藏书组织或典藏的整个过程,包括收集、登录、馆藏布局、排架、保管、剔除等众多的内容。在70年代,藏书建设的含义又有了进一步的分化和引申,开始向专业化研究方向发展。藏书补充区分为选择与采集,并引申到藏书的复审与剔除;选择与复审作为两个相互联系的阶段,又是一个系统发展过程;采集与剔除作为两个相互联系的程序,又是一个藏书发展与调整的技术处理过程。从藏书补充、藏书调整与藏书组织规范,引申为对藏书结构体系的研究。

因此,有关藏书建设的概念在不同阶段先后有三种主要表达方式:一是认为藏书建设是藏书补充或藏书采访的同义词;二是认为藏书建设是藏书形成的全过程,即从藏书的入藏到利用,再从利用到入藏的循环往复的全过程;三是认为藏书建设是一个收集、积累、组织的系统的藏书体系,这个藏书体系是通过规划、补充、登记、组织、协调,建立检索网络,组成存贮中心来完成的。20世纪70年代后期和80年代初,外国图书馆学理论对我国藏书建设产生了很大的影响。主要有欧美学者提出的书目控制、藏书稳定状态等理论,苏联学者提出的藏书建设的理论观点,对我国藏书建设的研究和实践起到了促进作用。沈继武教授在其《藏书建设与读者工作》一书中,认为"藏书建设"的概念是研究符合图书馆任务与读者需求,系统地建立、发展、规划、组织藏书体系全过程的理论。它由三个具体含义构成,即藏书建设的规律、藏书发展的过程、藏书结构体系。这一表述在当时得到了学术界的认同,是对"藏书建设"较完整的阐释。

2. 文献资源建设

20世纪80年代以后,图书馆所处的社会环境发生了巨大变化。主要是出版业迅速发展,文献生产能力大大提高,书刊数量激增,文献类型与文献载体朝多样化方向发展,致使图书馆藏书建设面临着文献价格、数量增长与馆藏经费短缺之间的矛盾以及馆藏数量有限与读者需求无限之间的矛盾等问题。处于困境中的藏书建设尽管有很多新的理论与举措出台,但是这些都是从其自身角度出发,无法克服馆藏动态发展过程中不可避免的矛盾。仅仅靠其内部力量是难以解决的,必须从外部、从社会大环境中来寻求走出低谷的方法。1984年9月在大连市召开的"全国高校馆藏书建设研讨会"上首次提出了文献资源和文献资源建设概念。概念的提出引起了我国文献情报工作者的关注，并被学术界认同和接受。其理论主旨是从整体的眼光，以协同的方法来发展社会文献资源，从全局的角度来进行宏观规划，合理布局，以期建立全国的文献保障体制，满足社会文献需求。文献资源建设是以社会文献需求为依据，以知识创造为基础，组织文献生产、营销和采集活动，对文献资源进行合理配置，最终形成强有力的社会文献保障体制。所以，专家认为文献资源建设较之藏书建设的提法，能更好地概括文献的本质，有利于在宏观上把握社会文献工作的本质和水平。文献资源建设虽然在很大程度上取代了藏书建设，但还不能完全取代。社会文献工作在总体上应称为文献资源建设，其中在国家或地区等全局性的宏观问题上应使用文献资源建设的概念，而在具体的馆藏建设中仍沿用藏书建设的提法，藏书建设只是文献资源建设中的一个分支。

文献资源建设新理论的提出，实现了由局部的、孤立的藏书建设发展到整体的文献资源建设认识上的飞跃，它使藏书建设不再拘泥于单个图书馆之内，视文献工作为一项社会工程，需要众多的图书馆与情报机构分工协作，共同创建一个优良的文献体系。由此，文献资源共享的思想得到了体现与确立。对文献资源建设理论所取得的成就，范并思在《中国图书馆学报》上发表了《从经验图书馆学到新型图书馆学》一文，他指出："这是中国图书馆学家首次用自己的概念创立研究领域，并且没有一个术语如此科学地包容了这个领域的问题。在这一领域，中国人站到了世界前列。"文献资源建设及其相关理论的研究成果，被认为是我国图书馆学、情报学理论研究的重大突破，是本学科发展史上的一次飞跃。

3. 信息资源建设

信息技术，尤其是电子计算机和因特网的高速发展与普及，创造了一个全新的信息交换环境，而这种环境极大地超越了传统信息传播中的局限，使图书馆传统的文献资源建设的功能相对弱化。图书馆不只局限于向信息用户提供文献，还将提供包括本馆所拥有的文献在内的所有网络上的可得信息。因而，图书馆的文献资源建设对象就不再是传统的文献概念，而是包括传统文献、电子出版物和网络信息在内的涵盖面较广的信息资源。图书馆文献资源建设的手段不仅包括对文献信息的入藏，也包括对光盘信息、网络信息的开发、导航和组织管理。大量的网络信息资源是文献资源的产生与发行形式的质的飞跃，它使图书馆馆藏空间出现了前所未有的结构性转变，产生了"虚拟馆藏"的概念。这一变化，使图书馆的文献跃出了个体图书馆的围墙，冲出了地界、国界，甚至突破了全球图书情报界的行业藩篱。"馆藏"已非一馆之藏，它所面对的实际上是整个人类社会各种信息资源的总汇。用户的文献信息需求不再是"坐拥书城"，而是要"占有世界"。显然，文献资源建设及其相关理论已难以涵盖这些内容，信息资源建设及其相关理论应运而生并取而代之是必然的趋势。

在图书馆自动化与网络化发展的时代背景下，文献资源建设理论出现了很多滞后因素而落伍于时代发展，还需要新的理论来突破原有的体系以获得更大的发展。只有这样一浪高过一浪的势头才会推动学科建设有长足进展。大约在 1996 年前后，代根兴在《中国文献资源建设研究理论的回顾与展望》一文中提出将文献资源建设深化为信息资源建设的观点，并认为文献资源建设可能被信息资源建设所取代；同年，吴晞在《文献资源、信息资源和信息资源建设》一文中也认为应该用信息资源建设取代文献资源建设，并做了较详尽的论述。然而，上述两篇观点新颖的论文在当时并没有引起学术界普遍的注意。在其后的两年时间里，学术界并没有对这一理论观点的提出展开应有的讨论，一直到 1999 年底和 2000 年初，文献资源建设理论的诸多局限为业界所认识，一些理论工作者对这一新的理论展开了研究，信息资源建设的理论被图书馆界所认可。信息资源建设理论的建立，将在观念上给图书馆工作带来全新的理论指导。

（二）图书馆信息资源建设概念的理解

目前，对信息资源建设的概念有两种理解。

1. 情报学界的理解

早在图书馆界提出文献资源和文献资源建设概念，并用之取代藏书和藏书建设概念的时候，情报学界就已经对信息资源、信息资源建设的一些问题展开了讨论。随着 20 世纪 80 年代中期国外信息资源管理理论的引进以及我国正式接入因特网以后，信息资源建设就已经成为信息机构的工作内容和情报学理论界的研究内容。情报学界所说的信息资源建设是指网络信息资源建设，即数据库的建设。1995 年 3 月 21 日，国家计委、原国家科委、国家信息中心联合下发了《关于开展全国信息资源调查的通知》，对全国数据库和电子信息网络资源进行调查。1997 年 4 月 28 日原国家科委下发了《国家科委关于加强信息资源建设的若干意见》。该文件将数据库建设确定为信息资源建设的重点。从这些文件中不难看出，信息资源建设即是指网络信息资源建设和数据库建设。

2. 图书馆界的理解

信息资源是经过人类采集、开发并组织的各种媒介信息的有机集合，也就是说信息资源包括制品型的文献资源，也包括非制品的电子信息资源。在本章第一节信息资源类型中我们知道，信息资源主要由文献信息资源和网络信息资源构成。单单强调文献信息资源或者网络信息资源都是有失偏颇的。基于这种界定，图书馆界对信息资源建设是这样阐述的："信息资源建设是人类对处于无序状态的各种媒介的信息进行有机集合、开发、组织的活动。"信息资源建设应该把文献资源建设和网络信息资源建设都包括进去才能形成一个完整的概念。

由于现在信息资源存在的类型多种多样，并不只是网络信息资源。因此，笔者认为图书馆界对信息资源建设概念的理解是全面而准确的。

二、图书馆信息资源建设的基本任务

（一）宏观信息资源建设的基本任务

1. 宏观信息资源建设任务的确定依据

第一，社会对信息资源的需求。随着科学技术的发展，知识迅速增值，文献数量剧增，社会已进入信息时代，随之，人们对信息资源就提出了更高的要求。过去，科技人员只要有本学科的书刊就可以进行研究工作，如今，他们除了阅读大量本学科的文献以外，还要阅读相关学科甚至非相关学科的文献，不但需要阅读印刷型文献，还要阅读电子文献等，如从数据库或网络上获取有关资料。社会用户这一阅读行为的深刻变化，向图书情报机构的信息资源提出了更广泛的要求，而有限的馆藏文献资源就与用户对文献的多方面的需求产生了矛盾，并且，由于书刊价格的大幅度上涨和图书情报机构普遍的购书经费短缺，致使文献资源入藏量减少，就更加剧了这种供需矛盾。这种矛盾的解决单靠具体图书情报机构的文献资源是远远不够的，这是因为任何一个具体图书情报机构都无法将所有文献资源收藏齐全。这就要求在统一的规划下，通过图书情报机构之间的相互协作，形成信息资源的保障体系，实现信息资源共享，才能满足社会对信息资源的需求。这种社会对信息资源的需求，就成为确定信息资源建设任务的重要依据。

第二，图书情报事业发展的需求。现在图书情报事业正在向着整体化、数字化的方向发展，这就意味着图书馆的信息资源可以不受时间和空间的限制，实现实实在在的资源共享。整体化就是各个图书馆都必须根据整个社会信息资源共建共享的计划来进行自己的信息资源建设，和其他馆分工协作，从而确定其信息资源收藏范围，收藏的信息资源必须具有特色。同时统一规划，管理各个成员图书馆，就必须有管理协调机构来统筹安排，协调图书馆的信息资源建设。

互联网的普及，改变了人类获得、拥有、利用、处理、交流知识的方式。新工具导致了科学技术、人文历史研究环境的改变，拓展了知识领域的范畴。知识、文化、文明的传播和交流方式发生了革命性变化。这就要求必须进行数字图书馆建设，以适应信息社会的发展需要。数字图书馆的建设，不仅给图书馆带来一场革命，而且也为文化传播打开了新的电子时代的大门。如同工业经济离不开交通和能源一样，数字图书馆也是高科技经济的基础设施和必要条件。知识经济是建立在知识和信息的生产、存贮、使用和消费之上的，数字图书馆所收藏的各类信息对于知识经济的整个过程都是必不可少的。而数字图书馆的数字化馆藏凭借高新技术，可以经济、快速地传播，方便地被人们所利用，从而不断地激发人们的想象力和创造力，推动全民族文化素质的不断提高。

为了适应图书馆整体化和数字化的发展，各馆的分工协作和管理机构的总体规划以及馆藏数字化都应作为信息资源建设任务的重要依据。

2. 宏观信息资源建设的具体任务

（1）合理布局与优化配置文献信息资源。文献信息资源合理布局与优化配置就是人们有意识地控制文献收藏与分布、最大限度地减少投入的经济浪费和实现人们最便利及最大限度地利用文献信息资源的活动。具体地说，文献信息资源布局与配置包括两个方面的含义：一是指文献信息资源按学科或文献类型在地域空间分布的状况或形成的格局；二是指研究和建设合理、方便、经济的分布格局与配置的设计和实际工作。文献信息资源合理布局与优化配置现已成为我国文献信息事业发展的一个重大而紧迫的问题，其布局是否合理，直接关系到能否充分利用文献信息资源，发挥图书馆信息资源部门群体效益，最大限度地满足社会用户对信息的需求。对文献信息资源进行合理布局与优化配置：第一，能使文献信息资源在地理位置上得到比较合理的分布，并使各主要文献信息资源收藏机构各具特色，尽可能避免不必要的重复收藏；第二，能形成多层次、多功能的多个文献信息资源中心，调节各地区、各系统的文献信息资源；第三，能有效地向社会提供服务，更好地发挥文献信息资源的社会效益和经济效益，真正体现文献信息的使用价值；第四，便于对文献信息资源进行统一管理，节约人力、物力、财力。

（2）加强协作协调，推进共建共享。随着社会的进步和科学技术的飞速发展，使文献出版数量剧增，呈现"信息爆炸"状态。任何一个国家的文献信息部门都不可能把全世界的文献收藏齐全，经费的拮据和收藏空间的压力更需要各文献信息机构建立联盟，分工协作，进行数字化建设，实行文献信息资源共建共享。早在20世纪初，欧洲一些国家的图书馆，就已经意识到单个图书馆力量的不足，必须走馆际联合发展的道路。因此，它们开始在文献的采集上进行分工，在文献的加工整理上进行协作，馆际开展文献交换、调配与互借。至20世纪70年代末80年代初，由于计算机网络技术的发展，这种文献资源共建共享的前进步伐大大加快了。

我国图书馆的协作协调工作亦有近半个世纪的历史，积累了很多好的经验。在计算机网络环境下，图书馆如何跨越围墙的封闭，用新的思想、新的观念、新的手段推进文献信息资源建设工作，用成功的经验指导馆际之间的协作协调，把文献信息资源共建共享做好，已成为文献信息资源建设者的迫切任务。

（二）微观信息资源建设的基本任务

1. 微观信息资源建设基本任务的确定依据

在文献资源和网络信息资源并存的今天，以及目前我国的行政体制，每个图书情报部门都有自己相对固定的本单位的服务对象以及不固定的社会服务对象，所以确定信息资源建设基本任务的依据是既要考虑具体图书情报机构的任务和服务对象，也要考虑本部门以外的社会用户的部分信息资源需求，以及我国图书情报事业发展对具体图书馆的要求。

具体图书情报机构都有着不同的任务和服务对象，因此，其信息资源建设的任务也不一样。例如，高校系统图书馆的任务是为本校的教学和科研服务，服务对象主要是本校的师生和科研人员，其信息资源建设就应根据本校专业设置和科研方向的要求，去规划、补充、组织、复选那些专业学习需要以及与本专业学习相关的文献，以满足本校师生和科研人员的需求。科研系统图书馆的任务是为本单位的科学研究服务，服务对象是本单位的科研人员，其信息资源建设就应根据本单位的科研方向，去规划、补充、组织、复选那些符合本单位方向及与之相关的文献，以满足本单位科研人员的需求。地方公共图书馆的主要任务是为本地区的科研、教育、文化及经济建设服务，服务对象是本地区的领导、干部、科研人员、教师、工人等，其信息资源建设就应根据本地区用户的需求特点，去规划、补充、组织、复选那些适应本地区用户需求的具有地方特色的文献，以满足本地区用户的需求。这种任务和服务对象的特殊性，决定了具体图书情报机构信息资源建设任务的特殊性，就要求必须形成独具特色的馆藏信息资源体系，才能满足本单位用户的需求。与此同时，具体图书情报机构还应立足本馆，放眼全国，根据宏观信息资源建设的规划要求，以及我国图书情报事业的发展，去积极承担应该收藏或能够提供获取功能的那一部分信息资源的任务，以及进行馆藏资源数字化的工作，以利于形成信息资源的整体优势和具有网络传递馆藏信息的功能，满足本单位以外社会用户的部分需求。

2. 微观信息资源建设的具体任务

（1）加强信息资源建设政策研究。正确的信息资源建设政策是搞好信息资源建设工作的基本保证，没有正确的信息资源建设的政策支持，就无法顺利开展信息资源建设。因此，加强政策研究是十分重要的。

（2）建设合理的馆藏文献资源体系。馆藏文献资源体系的形成需要一个过程。这个过程从馆藏文献资源的规划开始，通过补充、组织、复选与剔除等环节，形成一个相互联系、相互依存，不断循环上升的发展过程。其中，规划与补充是馆藏文献资源体系发展的基础，复选与剔除是精化馆藏文献资源体系的手段，组织则是馆藏文献资源被利用的起点。

（3）建设特色的馆藏文献。我国文献信息资源建设的目标任务之一就是克服长期以来形成的文献收藏雷同的问题，建设各具特色的馆藏文献，是衡量图书馆和各文献信息收藏单位文献信息资源建设水平的标志之一。只有建立起各具特色的馆藏体系，才能使整体系统的文献信息资源既有广度又有深度，形成"小而特、大而全"的点面结合，层次分明，分工适当，布局合理，馆际具有互补性的文献信息资源网络体系。

（4）开发、组织网络、数字资源。因特网是一个巨大的知识宝库，蕴藏着丰富的信息内容，尤其是借助网络技术，在很大程度上改变了传统的科学研究方式和信息交流，打破了空间和时间的限制，为人们利用信息资源提供了极大的便利。但网上信息量大、种类繁多、结构复杂、良莠不齐，造成用户使用上有一定的困难。为了建设图书馆的虚拟资源，使用户更好地利用网络资源，就要对网络资源进行开发、组织、管理。同时，为了方便读者利用信息资源，配合宏观信息资源建设，进行信息资源共建共享，各馆还须注重电子网络信息资源的建设，进行数字化的信息资源建设。

三、图书馆信息资源建设的主要内容

（一）宏观信息资源建设的主要内容

围绕宏观信息资源的基本任务，信息资源建设的主要内容应包括以下五个方面：

1. 信息资源整体布局的模式

信息资源整体布局的模式应与我国科学、教育、文化条件及经济发展的水平相适应。我国目前信息资源主要分布在三大系统内：公共系统图书馆、科学院系统图书馆、高校系统图书馆。国家不可能完全打破这种隶属体制，去建设所谓的全国信息中心。根据我国的国情，可以在各系统建立信息中心，但国家必须设立一个具有指挥职能的权威机构，站在全国的角度，对信息资源建设进行统筹规划，合理布局和配置，通过分工协作，尽可能拥有或能够获取世界上所有的重要文献信息资源，以满足读者95%以上的文献信息需求。同时，在全国和不同地区形成一个多层次、多功能的文献信息资源利用保障体系。

文献信息资源布局是一项十分复杂的系统工程，为了这项系统工程顺利进行，必须遵循适合我国国情、讲求文献信息资源建设的社会效益和经济效益、最大限度地满足社会用户对文献信息需求、对系统工程的全过程起指导作用的原则。主要有如下六个原则：

第一，完备性原则。我国文献资源的完备程度远远落后于我国社会、经济、文化、科学教育发展的需求，突出的表现是应该收藏的文献没有及时收藏，不该遗漏的文献被遗漏了，人们的需求得不到应有的满足。文献信息资源布局和配置的目的就是要满足社会对文献信息的需求，其前提就是要有全国范围内完备的文献信息资源。因此，应把文献信息资源整体布局和配置的完备性原则放在首位，要通过合理布局与配置，使不同类型、不同学科内容、不同语种和不同时代的文献信息资源在相应的图书情报机构中都有收藏或能够获取，使我国文献利用保障率有一个大幅度的提高。

第二，适应性原则。一个国家的文献信息资源布局必须适应本国国情，才能达到预期的效果。文献信息资源建设的战略目标应同我国的科学、教育、文化事业及国民经济与社会发展目标相适应，既考虑文献信息资源建设要有前瞻性，又不能无限超越经济发展允许的速度和规模，搞脱离客观需要和客观条件的冒进。在文献信息资源布局与配置上，应与读者的知识水平、信息需求程度、吸收能力及读者的心理特点相适应，既要考虑到全面的需要，又要考虑到各地区、各收藏机构的基础和特点，以制定相应的藏书政策。

第三，重点性原则。由于信息具有易于扩散和传播的特点，与实物产品相比，信息产品的"运输"（传递）费用十分低廉，因而，信息生产没有必要在地区间均匀地分布，更应优先考虑在经济技术发达的地区或基础较好的机构投入资源发展信息生产，然后再通过改进信息的交流和扩散机制，推动信息的广泛传播和利用。国家应加大投资力度，重点建设三大系统的最高级和发达地区级的文献信息中心，以及支持大型综合和专业图书情报机构的文献信息资源建设，形成全国文献信息资源保障体系，以争取对社会用户的满足率达到 95%~100%。

第四，层次性原则。层次性原则体现了文献信息资源整体布局的网络组合，包括两个方面的内容：一是根据各图书情报机构的地理位置、服务能力确定它在文献信息资源布局网络中的位置与作用，以便构成多层次的文献信息服务网络；二是通过超越各具体文献信息资源收藏机构的大范围文献信息整序，形成多层次的文献信息资源组合。

第五，稳定性原则。稳定性原则是形成文献信息资源收藏特色的需要。根据文献信息资源整体布局的要求确定了具体图书情报机构的文献信息资源收藏重点后，要保持这些图书情报机构文献信息资源收藏重点的相对稳定，这样，才能有利于具体图书情报机构的文献信息资源收藏特色和整体文献信息资源收藏特色的逐步形成。

第六，效益原则。在文献信息资源建设过程中，应讲求经济效益，把提高效益的经济思想贯穿到整个文献信息资源的布局和配置过程中，通过科学合理的布局和配置，提高读者对文献信息的满足率，降低文献信息资源收藏的重复率，杜绝文献信息资源建设中的浪费现象。

2. 信息资源共享的机制

对于文献信息资源共享来说，确定明确的发展机制是决定文献信息资源共享成败的关键。目前，关于信息资源共享的机制主要有两种观点：一种是民间行为、政府推动机制；另一种是利益机制。

持民间行为、政府推动观点的认为，民间行为、政府推动是当前图书馆开展文献资源共建共享的一种基本模式。国外和国内经验表明，政府在推动文献资源的共建共享，特别是重大项目开展与推广中可发挥很大作用，但是最根本的要靠图书馆自身的力量，靠图书馆工作者的不懈努力，才能够实现。准确地说，民间行为、政府推动是文献信息资源共享的一种机制，通过这个机制，可使图书馆的文献信息资源共享走上健康的发展道路。

持利益机制观点的认为，一项业务要保持长久的生命力，归根结底靠的是长久的利益机制。只有在互利互惠的基础上建立起自我生存、自我发展的运营机制，才能使文献信息资源共享向前发展。突破我国现有的行政的、系统的、行业的组织框架对文献信息资源共享活动的种种限制，寻求在既有的这些组织框架之外发展图书馆共同体也是我国图书馆文献信息资源共享实践的基本选择。

笔者认为，目前在我国"民间行为、政府推动"的机制比较适合地区级别以上的信息资源共享的组织活动。同时，不可否认，在"民间行为、政府推动"机制中也带有利益的成分，也同样讲求优势互补、互惠互利、自愿参加的原则。而利益机制比较适合一般的图书馆自发组织起来的信息资源共享活动。

3. 信息资源共享的组织管理

组织管理是贯穿文献信息资源共享活动全过程的一个必不可少的环节。履行这一职责的就是文献信息资源共享协调机构。因此，没有组织形式的管理，文献信息资源的共享只能是一种松散的、无章可循的活动，其效果是无法与具有严密组织形式的文献信息资源共享活动相比的。一般来说，有什么样的机制，就有什么样的管理形式。采用民间行为、政府推动的机制，一般由政府牵头组成共享的领导机构，或政府指派某一机构组成协调管理部门。前者如上海地区由市政府牵头成立的上海地区文献资源共建共享领导小组，后者如教育部指定北京大学图书馆作为中国高等教育文献资源保障体系的管理中心。采取依靠自我发展的利益机制的共享一般选择竞选的方式组成协调机构，如 OCLC 就是通过竞选的方式组成共同体的常设管理机构。

一般来说，文献信息资源共享的协调组织应履行下列职责：

第一，维护网络的正常运行。包括成员馆的评估和吸收、成员馆义务和权利的规定、重大事件的决策、成员馆纠纷的仲裁、共建共享经费的预算和决算、共建共享活动的组织、调控与评估等。

第二，制订各种规划。共建共享的长期、中期和短期规划的制订等。

第三，制定各种政策、规则和标准。包括：文献信息资源共建共享政策、章程及规则的制定；履行图书馆应尽义务与图书馆权益的政策规定；文献信息资源共享保护知识产权的政策；文献信息资源共享中充分揭示各馆馆藏的有关规定；馆际互借公约，包括馆际互借中共同遵守的优先优惠条款、馆际互借的手续及收费标准等；合作编目中数据交换与下载规定；文献数字化过程中应共同遵守的标准和规范等。

4. 信息资源的共享

网络环境下信息资源的共享较之传统环境下信息资源的共享来得方便和快捷，且形式丰富多彩。一般包括馆际互借（读者持通用借书证直接借书）、馆际文献复制、馆际互阅（读者持通用阅览证到馆阅览）、书目信息获取、文献传递、网上信息咨询、网上阅读等多种形式。传统的文献信息资源共享只有馆际互借、馆际文献复制和馆际互阅三种形式。随着因特网在我国的迅速扩展和数字图书馆建设的蓬勃开展，网上咨询和网上阅读尤其是网上阅读已成为文献信息资源共享的一种重要形式。因此，重视网上咨询和网上阅读的普及和开展是新时期文献信息资源共享实践的重要特征。

5. 宏观信息资源建设理论研究

宏观信息资源建设具有很强的实践性，急需系统的理论做指导。考察我国对宏观信息资源建设理论研究的过程发现，虽然过去人们已经进行过信息资源布局、调查、共享等方面的理论研究，并在某一时期对某一方面的理论研究达到了高潮，对我国宏观信息资源建设理论研究起过不可低估的作用，但这些研究还处于局部、凌乱的阶段，缺少宏观信息资源建设理论的系统研究成果。现在图书情报界的有识之士提出，今后要加强对宏观信息资源建设理论的研究，在此基础上确立宏观信息资源建设的理论体系，从而完善信息资源建设的理论。另外，还应重视对宏观信息资源建设具体理论的研究，包括对信息资源建设整体布局原则的研究，对信息资源整体布局模式的研究、对信息资源共享原则的研究、对国外宏观信息资源建设经验的研究、对实现宏观信息资源建设基本条件的研究、对我国宏观信息资源建设发展的预测研究、对我国宏观信息资源建设战略目标的研究等。通过这些具体理论的研究，能更加充实宏观信息资源建设理论体系的内容。因此，对宏观信息资源建设理论的系统研究和具体研究都应成为宏观信息资源建设的主要内容。

（二）微观信息资源建设的主要内容

微观信息资源建设是宏观信息资源建设的基础，只有搞好微观信息资源建设，才能促进宏观信息资源建设的发展。微观信息资源建设包含了馆藏信息资源体系形成发展的全过程，其主要内容如下：

1. 藏书发展政策研究

藏书发展政策是一个体系，它的内容随着时代的发展而发展。大致包括以下内容：

（1）图书选择与采访政策。它主要阐述图书采访的原则与过程，确定馆藏文献选择的标准和复本政策，确定采访工作程序。

（2）经费分配政策。确定各类收藏文献的购置经费分配，各学科购置经费分配的原则等。

（3）信息资源管理政策。确定图书馆信息资源评估、保存、加工、传递的程序与原则等。

（4）藏书发展纲要。制定以学科体系为基础的藏书发展框架。它首先要求划分藏书的学科范围，制定一个规范统一、详略得当、学科齐全的学科框架一览表，然后根据文献内容的水平及读者的不同需求层次，对各学科范围的文献相应地划分出若干层次的收藏级别，并规定各级别所应达到的收藏目标，再结合文献的语种、出版年代、资料类型等设计出一个"藏书结构一览表"，以规划未来藏书的发展。

（5）网络数据库文件政策。确定电子出版物收藏任务及获得和提供数字信息的途径与方法，确定用于采访、管理、维护数字信息资源经费的数额与比例等。

（6）藏书保护政策。确定藏书保护的原则、藏书保护的技术标准和措施等。

（7）文献剔除、评估政策。确定文献剔除的标准、范围、频率和目的及图书馆贮存系统的建立。根据具体目的与任务，确定具体评估的方法与重点。

2. 馆藏文献资源补充

补充适应馆藏文献资源体系要求的文献。馆藏文献资源补充是个十分复杂的过程，它不但包括文献入藏前的初选，而且还包括文献入藏后的复选。初选和复选是馆藏文献资源体系形成过程中相互联系、相互作用的两个阶段，缺一不可。

3. 馆藏文献的特色化

图书馆的特色化是图书馆生命活力的表现，同时，也是宏观信息资源建设的基础。图书馆应根据本单位所在地区的历史、地理、政治、经济和科学文化发展的显著特点以及学科优势，根据读者的需求和本单位原有的基础以及文献资源保障中心的分工安排等实际情况，选择与突出某一方面或某几个方面的专业文献作为自己的馆藏特色，并集中本单位的人、财、物等有利条件，有重点、有针对性地突出与强化这些特色，在此基础上开展优质特色服务。

特色化馆藏的主要类型有文献的地方特色、类型特色、专业特色、文种特色等。特色目标一经确定，就要坚持不变，长期进行积累性的建设，以使"特色"不断得到强化。

4. 数字化的馆藏信息资源建设

随着信息技术的发展，需要存储和传播的信息量越来越大，信息的种类和形式越来越丰富，传统图书馆显然不能满足这些需要。因此，人们提出了数字图书馆的设想。数字图书馆可以把分散于不同载体、不同地理位置的信息资源以数字方式存储，并通过通信网络互相连接，实现信息的即时即用。其特征是数字化存储、多媒体处理和网络传输。其实质是形成有序的信息空间，提供在广域网上高速横向跨库链接的电子获取服务。

数字化的馆藏信息资源建设是数字图书馆建设的核心之一，它包含两部分：数字化馆藏资源（图书馆拥有的电子出版物及数据库等电子馆藏）、虚拟化馆藏资源（通过网络获取的信息资源，又叫远程馆藏）。

5. 馆藏信息资源的组织管理

馆藏信息资源的组织管理包括实体信息资源和虚拟信息资源的组织管理。对实体馆藏而言，组织管理是对入藏文献资源进行加工、布局、排列、评价等过程和工作环节的总和。对虚拟馆藏而言，其组织管理主要体现在根据读者的需求，组织专业馆员通过对网上信息的浏览，重点收集参考价值较高的信息进行加工、组织、分类标引，分门别类向用户提供和维护、管理某一专题或某一学科的信息活动（包括只有使用权的数据库的组织管理）。馆藏信息资源的组织管理的目的在于科学地整理馆藏信息资源，完整地保存馆藏信息资源，有效地利用馆藏信息资源。同时，通过馆藏信息资源利用效果、评价等信息反馈，及时对馆藏信息资源进行调节与控制，使其发挥最大功效。

6. 微观信息资源建设理论和方法的研究

微观信息资源建设已经经历了较长时间的发展过程，其许多理论都经过了实践的反复检验，所以，微观信息资源建设的理论从总体上看具有成熟的特点。成熟的理论对实践更具有指导意义。微观信息资源建设理论和方法的研究主要包括：对微观信息资源建设原则的研究；对现代文献特点、规律、类型及出版发行动态的研究；对数字化信息资源的组织、加工、建设、管理的研究；对馆藏信息资源体系形成规律的研究；对馆藏信息资源结构的研究；对馆藏信息资源补充与评价的研究；对馆藏信息资源合理控制的研究，以及新观点、新技术、新方法应用的研究等。

第三节　数字化图书馆信息资源建设探究

一、数字化图书馆信息资源建设概述

随着社会信息化程度的不断提高，特别是 20 世纪 80 年代以后计算机网络的飞速发展，传统的以印刷版为主的信息资源逐步过渡到以数字化为主的信息资源。但是，数字化信息资源分布的不平衡影响着国家经济的发展。信息资源和知识的匮乏是所有发展中国家面临的最大困惑，而拥有更多信息资源的国家将具有更大的竞争优势。由此可见，信息资源的整合、获取、开发和利用是国民经济发展的核心。

（一）数字化图书馆信息资源概述

1. 数字化图书馆信息资源的丰富类型

数字化图书馆提供的信息资源类型丰富多样，代表性的有以下九种：

（1）根据资源的存贮位置分为现实资源和虚拟资源。现实资源指本馆所拥有的数字化资源，是置放于本地的信息资源；虚拟资源是指通过网络才能获取的置放于异地的信息资源。

（2）根据信息源本身形式分为数据库、电子图书、电子期刊、电子报纸、联机馆藏目录库（OPAC）、网络资源、音像资料、动态的信息和通告等。

（3）根据资源的格式不同分为文本（TXT、DOC、PDF、HTML、XML 等）、图片（BMP、GIF、JPEG、PNG、TIFF 等）、音频（WAV、MID、MP3 等）、视频（AVI、MPG、MPEG、DIVX、RM、ASF、WMA、MOV 等）、三维虚拟影像（VRML），等等。

（4）根据信息资源的来源分为：一是图书馆自建的，包括印刷型文献信息资源的数字化和图书馆自己开发的数据库或光盘；二是购买、租用或交换、接受捐赠的；三是从因特网上下载或链接的信息资源。

（5）根据资源的应用形式可分为万维网（WWW）信息资源、电子邮件信息资源、FTP 信息资源、Telnet 信息资源、其他（如 Gopher、WAIS 等）信息资源。它们的大致流量比例依次为：78.3：10.7：8.4：1.6：1。

（6）根据资源的时效性分为电子报纸、动态信息（如政府机构发布的政策法规、会议消息、研究成果、项目进展报告、产品目录等）、全文期刊、篇目数据库等。

（7）根据资源的出版形式可分为非正式出版信息、半正式出版信息和正式出版信息。非正式出版信息是指流动性、随意性较强的，信息质量难以保证的动态信息，如电子邮件、论坛、电子布告板、新闻等；半正式出版信息指受一定产权保护但没有纳入正式出版的信息，如各种学术团体和教育机构、企业部门、国际组织和政府机构等对自己的介绍或产品的宣传信息等；正式出版信息，指受到一定的产权保护、信息质量可靠，具有较高的知识性、分析性的信息。

（8）按网络信息资源内容表现形式分为：①全文型，如各种报纸、期刊、政府出版物、专利、标准的全文等；②事实型，如城市介绍、工程实况、企事业机构名录、百科全书、参考工具等；③数据型，如一些统计数据、产品或商品的规格及价格等；④实时活动型，如各种投资行情和分析、娱乐、聊天、讨论组、网上购物等；⑤其他类型，如图形、音乐、影视、广告等各种媒体。

（9）按用途分为文献型资源和非文献型资源。前者指学术资源、教育资源、文化资源等；后者如个人信息、机构信息、商业信息、新闻信息等。

当然，还可以按对信息资源的开发利用层次分为零次信息、一次信息、二次信息、三次信息等。

可以看出，目前对数字化图书馆信息资源的分类尚未形成一个比较系统的方法，既能考虑到人们的习惯，同时又能反映出数字资源的组织特点。

2. 数字化图书馆信息资源的特点

与传统图书馆的馆藏资源相比，数字化图书馆信息资源有其自身的特点，充分认识这些特征是做好资源建设工作的前提。正如前面所述数字化图书馆的特点一样，数字化图书馆的信息资源具有格式数字化、存取网络化、组织标准化、分布式管理等典型特点。除此之外，它还有以下特点：

第一，信息海量化，类型多样化。数字化图书馆的信息资源，尤其是网络信息资源增长速度快、传播范围广，内容越来越丰富，呈现出多类型、多媒体、跨地理、跨学科、跨语种等特点。

第二，共享性高。除了具备传统意义上的共享性外，数字化、网络化的特性使数字化图书馆的信息资源可以不断地复制，让同一资源通过网络为多人所同时使用，不存在传统文献由于副本量的限制而不能获取的问题。

第三，动态性，时效性。数字化图书馆的信息资源已从静态的文本格式发展到动态链接，而且网络信息资源的增长速度快、更新频率高，每时每刻都有大量站点产生，也有相当数量的站点改变地址甚至消失。数字化形式、网络化存取方式使得用户坐在家里就能获得所需资源，提高了资源获取的效率。而且很多网络电子杂志往往比印刷本发行还快，使读者能更早得到最新资料及科研最新动态。

第四，内容关联性强。传统文献信息资源的关联能力比较弱，它主要通过参考引用文献来指导读者阅读更多的相关资料。而数字化图书馆的信息资源则利用超文本、超链接手段，将相关信息连接起来，引导用户去查阅相关的原始文献。

第五，强转移性，强选择性，高增值性。在网络环境中，信息资源的转移是高效的，只须复制、粘贴或通过网络下载即可；而且用户只须通过一台联网的计算机，就可以浏览世界各地各个时期的数字化信息资源，选择范围很大；由于数字化图书馆信息资源的共享性、时效性、强转移性和强选择性，使得它成为一种低成本、高产出的增值性的资源。

第六，信息发布自由，信息来源广泛。在网络环境下，信息发布者既有大学、研究机构、政府部门，更有大量公司、企业、协会和个人，而且信息发布过程大都没有严格的审查程序和质量控制。

第七，不安全性。数字化图书馆信息资源的安全问题包括两个方面：一是信息资源的知识产权保护问题，数字化图书馆的全方位开放使得信息复制轻而易举，给侵权者以可乘之机；二是信息资源本身的安全问题，主要来自网络病毒和网络犯罪。

第八，分布不均衡性。不均衡性是指由于国家、地区的科技、认识水平等不同导致的信息资源在分布、开发上的不均衡，甚至信息资源垄断。而在网络环境下，发达国家与发展中国家间的信息源分布的不均衡性更加突出。

另外，我国东西部之间、城乡间的数字鸿沟也很明显。这就要求国际组织和各国出台相关政策、法规削弱这种局面，使信息资源的分布和利用在世界范围内趋于平衡，使资源，尤其是稀缺资源得到充分、有效利用，促进各国、各地区经济发展。

（二）数字化图书馆信息资源建设的特点

从图书馆诞生之日起，信息资源建设就是一项图书馆的核心工作，并随着信息载体及读者需求的变化而不断更新、完善、发展。传统的图书馆收集、存储并组织文献信息资源，以满足读者对文献信息的需求。

数字化图书馆的信息资源建设包括信息的采集、加工、组织和排序等主要内容，其结果是建成分布式的数字信息资源系统。它与传统图书馆的馆藏建设有着大致相同的工作流程，但也有着自己的特点。

从建设对象来看，数字化图书馆信息资源建设处理的是信息，而不是文献，是传统图书馆的文献资源建设高级形式与升华。

从建设途径和内容来看，数字化图书馆的资源建设是组织数字信息并提供服务，主要包括实体特色馆藏信息资源数字化、外来资源馆藏化两大方面。馆藏信息资源数字化是将实体馆藏，尤其是特色馆藏，包括印刷型、缩微型、视听型文献及电子出版物等数字化后发布到网上。外来信息资源馆藏化，一方面是指通过网上包库、镜像等方式采购一些大型的商品数据库；另一方面是搜寻、筛选网上信息，使读者如同利用实体馆藏一样方便地利用网上信息。

从资源存储位置来看，数字化图书馆的资源呈全球分布式存储模式。

从资源评价的标准来看，数字化图书馆强调"获取"，偏重检索质量，而非对文献的"拥有"。

从建设深度来看，也不是单纯的文献数字化，而是探讨如何通过技术手段，按照一定的标准，将研究对象序化、重组，使之成为便于传递与使用的数字馆藏。它是一项创造性智力活动，具有增值功能，而且重在组织、整理与开发。只有充分了解网络环境下信息资源与传统信息资源管理的不同，才能摆脱传统信息资源建设的模式，站在新的理论高度对它做出全面的了解和深入的研究，并采取有效的措施。

（三）数字化图书馆信息资源建设的原则

数字化图书馆无论怎样发展，它的基本宗旨还是为用户提供信息，完成社会赋予的传递信息的基本职能。因此，数字化图书馆信息资源建设的基本目标还是为了"用"，为用户所用。它利用先进的技术手段将分布在不同数据服务器上的数字资源有效地组织起来，使用户可以方便地通过网络来查询和利用，同时完成保存人类宝贵资源的任务。

信息资源建设的原则就是在建设信息资源时应该遵循的基本要求。数字化图书馆的信息资源建设必须遵循以下原则：

第一，坚持系统性、整体性、协调性原则。系统性指信息资源建设必须连续性地从馆内外、国内外收集和积累各种数字信息资源，及时补充到资源库中，尤其是重点或特色资源的收集、补充与更新，要维护资源系统的连贯性和完整性。实体图书馆本身具有一定的馆藏资源特色和相对固定的用户群，因此，数字化图书馆信息资源建设必须与原有实体图书馆的文献资源有机融合，建立起一个统一的、有明确主体的馆藏体系，做到与实体图书馆资源的整体性统一。协调性就是要从大局出发，共建共享，避免重复劳动。依靠图书馆、情报界和数据商，成立资源建设指导委员会等类似机构来规划和指导建设，形成一个互为补充、互为利用、互为推动的网上文献信息资源保障体系。CALIS、中国数字化图书馆工程就是国家从大局出发的良好例子。

第二，坚持标准化原则。标准化是数字化图书馆赖以生存的前提，它直接影响到资源库的制作质量和服务效果。标准化主要指数据格式的标准化、描述与标引语言的标准化等。无论是置标语言、元数据标准，还是对象库的开发，必须重视标准的制定和培训。只有遵循统一的规范和标准，才能实现用户和系统、各系统之间的有效沟通，实现信息在网上的传递、获取，达到共建共享的目的。制定标准时应兼顾国际接轨和我国信息资源特征两个方面。即在优先采用国际标准和通用规范的基础上，结合国内实际情况，研究制定适合自己的标准规范。如由国家图书馆承担的 SGML 的图书馆应用项目，就采用国际标准化组织 ISO 发布的信息处理标准 SGML，开发了基于 SGML 的资源加工系统，实现了数字化图书馆的高效跨库检索。标准规范一经制定，就应严格执行，不允许出现各自为政、互不兼容的现象。

第三，坚持特色化、针对性原则。馆藏的特色是网络时代图书馆生存和发展的关键。网络时代数字信息的易获取性，使图书馆面临巨大挑战。数字化图书馆要想拥有更多的用户，求得自身的长远发展，就必须突出自己的资源特色。针对性原则是指根据信息资源分布规律和读者信息需求规律进行信息资源建设。一是针对读者需求，二是针对社会需要，三是跟踪国内外的科研最新动态和成果，从而体现图书馆"以人为本、服务至上"的宗旨，以及国家信息中心的地位。

第四，坚持尊重知识产权的原则。数字化图书馆信息资源建设必须坚持尊重知识产权的原则，增强版权保护意识，规范操作规程。一方面，要保护著作权人的利益：不经著作权人的同意，不能随意复制他人的作品，更不能作为商业用途；数据库的创建要避免使用他人数据库的全部或实质性部分，数据库编排要有独创性等。另一方面，还要懂得维护自己的资源拥有权，尤其是自建数据库。

第五，坚持科学性原则。网络信息资源的采集和加工是数字化图书馆信息资源建设的重要内容。网络信息资源丰富复杂，而且质量参差不齐。因此在数字化建设中尤其要贯彻科学性原则，研究网络信息资源的分布及流动规律，掌握获取网络信息方法，并用科学的眼光判断网络信息的优劣，取其精华，去其糟粕，为用户引导和把关。

第六，坚持安全性原则。数字化图书馆信息资源的开放性特点，也决定了安全性原则的重要性。一方面，数据尤其是网络资源采集时一定要严格检查、过滤，从源头上防止不洁数据和病毒的入侵；另一方面，系统应采取防火墙技术、VPN（虚拟专用网技术）、加密技术、网络病毒防治技术、访问控制技术、跟踪检测技术、数据备份技术等手段，以保护信息资源在开放利用过程中的安全。

二、数字化图书馆信息资源建设的流程

（一）前期调查与分析

这是所有数字化图书馆信息资源建设的第一步，也是对资源建设的方向实施定位的重要环节。

第一，外界已有资源调查分析。从宏观上，通过对外界已有资源的了解，避免重复建设。另外，可以通过亲自走访或网上调查名校图书馆的资源建设，借鉴他们的成功经验，吸取教训，改进不足。这一阶段可形成如《资源建设可行性分析报告》等，从大局着手，为下一步的资源定位做好准备。

第二，图书馆现有资源分析。对图书馆的现有馆藏资源进行分析，了解现有馆藏结构和特色，包括数据库的种类、数量，中外文的比例，网络资源开发的模式等，形成《本馆当前资源分析报告》，为下面进一步调整馆藏结构，扩大、优化馆藏资源做铺垫。

第三，用户需求分析。信息资源开发的最终目的就是为用户服务，让读者快速获取知识。目前，用户的信息需求呈现综合化的特点，需要为其提供内容全面、类型完整的信息。把目标用户群按照学院、职业、学历、职称或特殊群体等进行分类，设计调查问卷，通过对用户信息素质、使用图书馆现状、利用资源现状和用户迫切需求的资源等方面进行调查，并进行统计分析，形成《用户需求调查分析报告》。

（二）信息资源的定位

我国目前数字化图书馆信息资源建设主要涉及三方面：一是中华宝贵文化遗产；二是大众文化教育；三是服务于教学科研的高科技知识。

国家级数字化图书馆的选题，由国家数字化图书馆资源建设指导委员会负责列出详细

的选题清单，由国家各大部委讨论、分工或网上招标寻找资源建设合作单位，经过多轮反馈与论证，以确保选题的合理性、科学性，避免重复立项。

各种行业、地方和单位数字化图书馆，则要根据资源建设的原则，以本馆服务内容和用户需求为导向，定位应侧重于特色的资源。

结合前面的分析报告，如果是高校图书馆，应针对本校的学科、专业特点，公共图书馆应结合地方特色，对本馆的资源建设进行定位。包括欲建设资源对象的数量、分布情况、原始形式、资源质量、版权状况等具体信息，提出相应的技术支持，形成如《资源分析报告》《资源组织方案》等文档。当然，在此过程中，由于对选题内容有了深入的了解，对于前期选题的不当之处可及时调整。

（三）标准与方案的制订

标准与方案主要解决资源建设标准规范以及各种软件的制定与选择。数字化图书馆资源建设，应选择适用的、成熟的、可扩展的技术，优先选择国际通用标准，其次是国家标准和行业标准，最后是局部范围内示范与研究过程中的标准。

软件选型需要事先进行市场调研，参考其他图书馆的，尤其要参考那些使用相同管理集成系统的使用后的情况，再根据自身要求做出可行性解决方案。

可形成《技术需求报告》《系统分析报告》《资源著录规则》《资源库及相关子库结构方案》《标准选择分析报告》《软件选型分析报告》等文档，以指导资源建设的实施。

（四）信息资源加工与存储

1. 信息资源收集

确定资源范围：包括时间跨度、载体与内容类型、语种、来源等。

资源评价：价值、使用频率、稳定性、正确性、更新频率、检索性能、可得行与费用等。

新建资源库要根据前期形成的《资源库结构方案》《资源库及相关子库结构方案》，确定资源库的结构（包括库类型、字段名称、排列顺序等）。

2. 信息加工

通过智能软件或人工方式提取元数据，进行内容标引，包括分析内容、给出主题分类，对内容进行相关记录与主题的动态关联。

3. 资源的重组

通过库结构的字段、内容置标实现跨库关联；通过增加书目数据库相应字段，结合相应的技术或软件，实现馆藏书目数据库与外购电子图书、电子期刊的关联；通过建立网络资源数据库、分类导航或链接等，实现虚拟馆藏的组织与建设。

4. 资源存储

目前，数字化信息资源的存储技术主要有直接连接存储（Direct Attached Storage、简称 DAS）、网络连接存储（Network Attached Storage，简称 NAS）、存储局域网（Storage Area Network，简称 SAN）、iSCSI 技术、内容寻址存储（Content Addressed Storage，简称 CAS）等。几种方式比较如下：

DAS：是将存储设备通过 SCSI 接口或光纤通道直接连接到服务器上。优点是前期投入低，适用于服务器在地理上比较分散的情况；缺点是总拥有成本高，可扩展性差，安全性较弱，增加网络服务器负担和用户等待时间。

NAS：是将存储设备通过标准的网络拓扑结构（如以太网），连接到一群计算机上，能独立地直接存储。优点是总拥有成本低，可扩展性好，安全性好，特别适合于 Ftp 等文件共享服务的应用；缺点是前期投入高，占用带宽，影响了网络利用率。

SAN：是组建一个专用的、高可靠性的基于光纤通道的高速存储专用网络。优点是系统扩展灵活方便，传输速率较高，有利于数据的大规模传输，管理成本低，减少了服务器和网络的工作负载；缺点是建设费用大，互操作性较差，建设难度大。

各单位可根据自身服务范围、服务对象的数量与资源特色决定数字资源的存储方式，以及是否建立镜像站点等。随着信息资源的飞速增长，存储系统除要实现海量信息存储外，还要实现网上数据共享和海量数据备份功能。目前，海量存储设备有磁盘阵列、光盘库、磁带库等。数字资源的标准规范和海量存储设备的使用至关重要，它保证了资源的长期保存、可迁移性和共享性。

（五）进行功能测试

通过预先调研选择的发布系统将加工好的数据以 Web 网页的形式发布出来，选择友好的服务界面，提供易用的查询方式。

选择合适的发布位置，可作为全新的图书馆主页内容之一，放在显眼的地方，让用户一下子就能看到，促进测试工作的进行。

事先应反复校对，确保数据准确无误。

（六）提供服务

提供服务是资源建设的终点，是前期工作成果的展示，也是信息资源建设的最终目的。

通常都以网页形式发布，供用户使用，可实行 IP 限制或账户管理。

三、数字化图书馆信息资源建设的策略

（一）进行全局统筹规划，资源共建共享

为了避免资源数字化的重复建设，图书馆在对数字化对象选择时应首先了解中国数字化图书馆工程内容，参考其他馆与国际上已有的回溯资源数字化规划，制定数字化对象的选择策略，使本馆的数字化工程与国家，甚至国际数字化图书馆建设相衔接。

1. 数字化图书馆间的合作形式

数字化图书馆间的合作形式多样，但从合作领域来看，主要有以下三种：

区域性合作是一个地理区域范围的图书馆之间联合订购，建设一些通用的数字化资源。如重庆地区高校图工委组织的重庆市高校图书馆联合出资引进数据库资源"中国学术期刊"等，避免了各图书馆单独引进资源的资金浪费。

行业性合作是同一系统之间的图书馆联合订购，引进一些数字化资源。例如 CALIS，在引进国外数据库方面采用的就是行业联合。行业联合是当前中国数字化图书馆建设发展的初级阶段。

全国性的甚至国际性的联合。比如"中国数字化图书馆工程"，就是一项国家级的、跨部门、跨行业、长期建设的规模宏大的系统工程。它以合同的方式明确双方的责、权、利，以法律手段确保数字化图书馆建设的正常运行。还有书生之家、超星等数字化图书馆，通过与出版、发行单位，网上书店等结成全国性甚至国际性联盟，各司其职，各尽所能，互不冲突，共同获益。

2. 数字化图书馆间的合作方式

合作方式主要包括联合采购、联合存储、联机编目。联合采购、联合存储是指各成员馆分别承担一定的收藏任务，并通过网络准确获得其他馆的文献采购情况，相互协调，减少重复订购，组建一个合理、共享的采购、存储体系。而联机编目是将不同地区、多个各自独立的信息机构的目录联合成一个网上编目数据库，实现联机共享编目，任一成员馆对入馆新书刊的编目上传后，以后其他馆遇到同一书刊时即可直接下载，大大减少了重复编目。

在经费有限的条件下，联合订购文献资源，尤其是数字资源，形成新的资源优势和服务力量，无形中扩大了读者查阅资源的范围，而且节约了经费，优化了资源配置，提高了文献保障的程度。

（二）解决数字资源建设的版权问题

数字化图书馆的资源建设需要合理、有效地平衡保护和利用之间的关系：一方面，要合理保护著作权人、数据生产商的权益；另一方面，还要使用户能有效、方便地获取信息。数字化图书馆信息资源建设中涉及的知识产权问题主要包括数字资源复制权、汇编权、网络传播权等。如果未经版权人授权，就在网上传播他人作品，就构成侵权行为。

对馆藏数字化来说，只要不涉及数字作品的发行和商业性传播，就不会侵犯著作权人的网络传播权。因此，数字化工程如果将未进入公有领域的作品数字化、网络化，必须先与版权人签订许可协议，确定其使用对象、使用时间、使用地点、范围等。

对自建数据库，书目、文摘数据库的创建，要尊重作者的署名权；而全文数据库的开发，除进入公有领域的作品外，在使用作品原文时必须获得版权人的许可；而且数据库的编排、资源的内容和形式都必须具有独创性。另外，图书馆也要保护自己的知识产权，如本馆自建的数据库和经过加工后的数字资源等，通常采取的技术是水印。

对于图书馆购买的网络数据库，就必须依照购买数据库时所签订的协议，在网页上发布知识产权声明，引导用户规范使用数据库。并通过管理制度、技术手段和培训使用户能严格遵守协议，严禁短时间内肆意下载或商业性复制，以免因用户的侵权行为受到牵连，导致数据库停止使用或引起纠纷。

对网络资源建设，链接时应慎用加框和埋藏链接等特殊技术，以免引起版权纠纷，若要使用，应事先得到对方许可。

网页设计时，可以参考其他网站的网页设计风格及其内容组织方式，但是未经网站拥有者许可，便直接下载利用他人的网页，亦属侵权行为。

从长远看，通过"版权集体管理组织和法定许可制度"来解决这一问题是可行的。目前，可通过一定范围、一定程度上的协商和采用高科技技术来解决这个问题。如超星数字化图书馆推出的网上协议、作品分配制度等。

（三）找准定位，注重资源"获取"

数字化图书馆的信息资源建设，是一个跨行业、跨部门的庞大工程，需要大量资金、技术、设备等的支持，尤其是知识产权等一系列问题是资源建设过程中无法解开的死结。

因此，图书馆首先应从自身特色出发，找准定位。根据自身的技术开发能力、网络条件、资源与服务的基础等，确定自己资源建设的程度和方式。特别是资金和技术实力有限的一些普通高校图书馆，应直接参考或利用一些著名高校图书馆的重点学科资源库和特色专题资源库，避免不必要的重复劳动，把主要精力放在本校特色资源建设和其他学校未建的专题资源库建设上来。

其次，中国数字化图书馆联盟应从全国大局出发，尽快组织一些著名高校具体负责教育、科研库的建设，调研、发布已建专题资源库的发展情况，研究、制定各学科专题资源库的选题立项，组织、协调各高校的选题申报。

最后，数字化图书馆的信息资源建设应重"获取"而非"拥有"。因为网络环境下使人们越来越注重有效信息的吸取，而非传统文献的获得。因此，图书馆应广泛收集社会上各类电子出版物，不断开发网络资源，以"社会数字信息资源馆藏化"为数字化图书馆信息资源建设的主要目标，而馆藏资源的数字化应作为信息资源建设的补充，适时、量力而行。

（四）加大网络信息资源的开发深度

目前，绝大多数图书馆网络信息资源开发仅限于热门站点链接或分类在主页上提供链接等，开发的深度很不够，链接的网站数量少，分类粗糙，链接的网址大都是最上级的网址，而非真正有用的信息。

因此，网络信息资源开发除了做好以上链接外，还应不断地从网络上下载有价值信息，经过组织、整理变成本地的现实资源，并且长期、系统地进行这方面的积累，使其成为本地现实资源中的重要组成部分。

（五）保证信息资源的安全

数字信息资源的安全保密目前已成为计算机科学领域的重大课题，引起国内外的高度重视和深入研究。

数字信息资源的安全问题主要集中在网络安全上，而网络环境的复杂性决定了网络安全的复杂性。网络信息的安全应从以下四个方面着手：

访问控制：这是网络安全防范和保护的主要策略，包括入网访问控制、网络的权限控制、目录级安全控制、属性安全控制、网络服务器安全控制、网络监测和锁定控制、网络端口和节点的安全控制、防火墙控制等。

信息保密：目的是保护网内的数据、文件、控制信息等不泄露给非授权用户。信息保密包括连接保密、无连接保密、选择字段保密和通信信息流保密。

抗否认服务：包括为接收者提供数据源证据，使发送者不能否认发送过这些数据；还为发送者提供接收证据，使接收者不能否认收到这些数据。

制定严格的法律法规：计算机网络是一种新生事物，很多网络行为无法可依，使网络犯罪者有机可乘。面对日益严重的网络犯罪，必须建立相关的网络行为法律法规，使非法者慑于法律，不敢轻举妄动。

采取网络信息的安全策略，才可以保证数字信息的真实性、完整性和可用性。

四、数字化图书馆信息资源建设的有效途径

数字化图书馆信息资源建设就是要创建、获取更多高价值的数字信息资源。把握了数字化图书馆资源建设应坚持的策略后，再对其建设的主要途径加以分析。

（一）馆藏文献数字化建设

所谓馆藏文献数字化，就是以计算机为工具，运用电子扫描、键盘录入、手写识别、语音识别等技术，将馆藏的书刊、报纸等印刷型、缩微型、音像型文献转化成计算机可以识别、处理的数字信息，再经过整理、组织后存贮在计算机硬盘或磁盘阵列等存储设备中，并提供网上检索、下载等服务的过程。

在网络时代，馆藏文献数字化有其重要意义：一是它丰富了数字化图书馆的信息资源，发挥了图书馆的资源优势；二是它能长久保存原始文献，尤其对珍稀文献起到了保护作用；三是它满足了多用户对同一文献的同时需求，加快了文献利用和信息传递，提高了文献的利用率，也扩展了图书馆的服务范围。另外，它也是图书馆特色数据库建设的基础和前提。

1. 馆藏资源的数字化处理技术

全息化制作技术的出现，实现了印刷型信息向数字信息的轻松转变。采用全息数字化技术处理后的内容不仅能保持原印刷版出版物的所有信息原貌，包括文字、版面信息、色彩等，而且还能对处理后的文本信息进行编辑、打印，用题名、作者、关键词、出版单位、摘要、全文等进行检索。常用的全息化数字转化技术方法有 OCR 和光学扫描压缩存贮。

（1）OCR（Optical Character Recognition）技术。OCR 是通过光学技术对文字进行识别，将纸质文献转换成标准的电子文本格式文献。该技术对文字识别准确率可达 99% 以上。优点是可提供全文检索、节省空间、便于网络传送等。缺点是制作成本高、速度慢，需要花费大量的时间和精力校对，而且不能完全保持原貌。

（2）光学扫描压缩存贮的图像处理方法。该方法是在保证一定图像质量的前提下，将数据量压缩到最小。分无损压缩和有损压缩两种。位图是最基本的一种图像存储方法，是指在空间和亮度上已经离散化了的图像。图像的存储格式有 TIFF、JPEG、GIF 等。国内较好的解决方案是北京世纪超星公司研制的 SSRREADER3.4 版，它扫描图像的速度快、扫描存储的图像清晰度高、压缩比高，但缺点是采用图像方式存储而不能支持全文检索。

2. 明确馆藏数字化的定位

图书馆的文献信息资源主体为印刷型文献，其中必然存在部分利用价值已降低的文献，而原始馆藏数字化的成本很高，所以，不可能也不需要将图书馆所有的馆藏进行数字化，而是要认真分析自身馆藏文献特色，选择重要的、利用率高的，或有长久保存价值的特色资源进行数字化建设。

图书馆馆藏数字化的定位必须考虑三个方面：首先，图书馆要从本单位、本地区的大局出发，针对本馆的馆藏资源结构和类型，本校的专业设置和重点学科确定数字化的重点，协调共建，避免重复建设。其次，在不侵犯版权的范围内，围绕拥有大量读者需求的资源，如教学参考书等，将其进行数字化，从而满足更多读者的同时阅读需求。最后，特色数字信息资源的建设是数字化图书馆信息资源建设最重要的内容之一，如国家图书馆的年鉴、方志、中国博士论文等专题数据库建设。

3. 馆藏数字化的方法

对需要数字化的原始馆藏资源进行定位后，可采用建立"书目数据库"的方式组织这些数字化后的信息资源，按 MARC 记录格式对数字化后的信息进行分类、编目、标引，将信息的题录和检索方式添加在 MARC 记录中的字段中，通过这些字段实现"书目记录"与数字化的原文信息资源的链接。

（二）图书馆自建的数据库建设

目前，图书馆自建的数据库主要有馆藏书目数据库和特色资源数据库两类，包括书目、文摘、题录、全文等形式。

1. 馆藏书目数据库

书目数据库是图书馆最基本的信息资源，也是图书馆自动化的基础和数字化的起点。

目前，几乎所有高校图书馆都已完成了书目数据库的建设，而且回溯建库率达到 80%以上。利用联机编目方式，实现了书目数据的标准化、共享化。各馆还建立了 OPAC 在线书目查询系统，可以说书目数据库的建设已经达到了高级水平。但书目数据库还有待进一步建设。

第一，提高数据库的质量。为使书目数据具有通用性，首先必须做到著录格式的准确性，采用标准的 MARC 机读目录格式；还要做到著录数据的准确性、完整性，要充分揭示文献，保证检索字段全面、准确，建立审校制度，对数据严格把关。

第二，进一步加强共建共享。目前的书目数据库建设已从自建走向共建，国家图书馆、CALIS 的全国性联机编目就是共享编目的例子。但还应继续扩大成员馆的范围，使更多的图书馆，尤其是小型图书馆加入进来。

第三，加强数据库相关链接。除提供书刊题录、摘要外，还应将相关的多媒体光盘、各种配书光盘、电子书刊等资源与书目库链接，使读者在检索书目记录的同时，可在线阅读、下载相关的多媒体目录和全文。

2. 特色资源数据库

同上面馆藏数字化的方法一样，特色数据库的定位可先从读者迫切需求的资源入手，如地方文献、特藏文献等进行深度开发，达到较高的社会效益或经济效益。例如国家图书馆建设的中国年鉴数据库、中国博士论文数据库、方志类数据库等，上海图书馆的家谱数据库，中国人民大学的报刊资料索引数据库等。高校根据本校的学科、专业特点以及图书馆的馆藏特色，都分别开展了自己的特色数据库建设，如古籍数据库、地方志数据库、本校博硕论文库、光盘库，等等。

建立特色数据库前必须进行认真分析和论证。根据国内外建库实践，应遵循共建共享原则、整体性原则、系统性原则、标准化原则。原则问题是关系到数据库建设成败的关键因素。

（三）网络信息资源建设

网络资源开发是数字化图书馆资源建设的一个重要组成部分。由于因特网是一个国际性的信息宝库，但网上信息的无序、分散、重复，以及搜索引擎检索质量的局限性，使得搜索结果难以满足人们的需求。所以，图书馆员必须根据用户需求及科研需要，对网上资源进行精心筛选、分类、标引、注解，将分散的网上信息进行合理的组织和整合。

1. 选取网络信息资源的原则

因特网上信息资源浩如烟海且质量不一、真伪难辨，选取高质量的信息资源必须遵循以下原则：

（1）内容的正确性、权威性、实用性。图书馆选择网络信息是为了为读者所利用，所以必须保证其正确、可用。正确性指信息内容准确、真实、健康，无语法错误和错别字等；权威性指信息的作者或提供者是具有一定的地位或身份的专家或学者；实用性指坚持"以人为本"，通过征询各类专家的意见，充分了解读者需求后，以本单位工作重点为核心收集信息。杜绝一切商业性的、有严重政治问题、色情暴力倾向的内容及网站。

（2）内容更新及时。网站的更新频率、信息内容的新颖程度是衡量信息质量的重要因素。所以图书馆应选择内容更新及时的网站，尽量避免那些从未更新或很少更新的网站。

（3）网站稳定性高。互联网上的网站差别很大，图书馆应选择链接那些能长期地提供信息，且信息内容、范围稳定、能定期维护并增加新信息的网站，如政府机构、学术团体、图书馆、出版社、大型网络公司、数据公司等。

（4）易用性。易用性是指资源能否被使用者有效、方便地利用。首先是资源的传输速度与传输质量，主要影响因素是网络带宽。其次是检索性能，如资源的分类要科学、清晰；检索途径要齐全，应支持高级检索、模糊检索、二次检索等；检索界面要友好，页面设计应简单美观、易于查找，而且页面结构平衡、层次清晰。

2. 网络资源建设的主要方法

（1）直接下载并链接到图书馆网页上

这种方法简单快捷，而且维护工作量小，是最初级的网络资源建设方式。如下载一些常用的工具软件：汉字输入法软件、压缩工具、各种浏览器、媒体播放工具等，英语、计算机学习软件等。

（2）建立网络导航、学科导航或专题资源库

建立网络信息资源导航，就是图书馆员对 Internet 资源进行有目的的搜索、选择、挖掘、组织、标引、动态链接等，帮助用户在尽可能短的时间内获得尽可能多的有价值的信息。这是利用最多、最简单又直接的网络信息开发模式。

可以链接一些免费的网络出版物，如网络工具书、网络期刊、图书、报纸、地图、百科全书等，或国内外其他高校、图书馆、出版社、网上书店等，以及其他二次文献等，分类提供给读者使用。许多图书馆的主页都提供了网络导航服务，如深圳图书馆的"网海导航"，节省了读者的时间和费用。

建立学科导航，可以借鉴 CALIS 的做法，通过调查用户需求，按照本单位学科特色，按专题或学科对网络资源进行分析、判断、筛选、编辑、整序，为用户提供方便快捷的服务。也可用建立书目数据库的方式为网上资源建立数据库，即按 MARC 格式对网络资源进行编目，实现书目记录与网络信息资源的链接。用户可以从站点名称、站点栏目、站点维护者、分类、非控主题词等多种途径迅速查找自己需要的 Web 站点。

（3）自我开发搜索引擎

搜索引擎是人们查找信息最常用的工具，但大都是基于关键词的布尔逻辑匹配，且人工干预的成分小，查询结果太泛。目前，除了 Yahoo、Google、Sohu、百度等传统的搜索引擎外，互联网上还出现了一些专为教学科研人员建立的全新的搜索引擎。

网络信息资源拓展了图书馆的信息资源空间和服务模式，方便了用户，改变了图书馆员的角色。随着网络信息资源的飞速增长，网络信息资源开发也越来越为社会所需要。图书馆应能够胜任这份工作，并把它作为馆藏发展的重要内容。

以上从宏观上对图书馆的资源建设进行了剖析，但对各个图书馆的建设策略则应根据各自本身的特殊要求而定。大学、科学院图书馆应重视对学术信息的收集，而公共图书馆则可能偏重于地区性资料的建设。

第四节　数字化图书馆信息服务的模式构建

一、数字化图书馆信息服务模式的特点分析

第一，数字化。随着数字化技术的发展，图书馆可以将自身的馆藏以及一些电子刊物通过数字化的形式发布到网络上，使这些资源成为大家可以共享的网络资源，用户通过网络即可以方便快捷地享受到这些资源。同时，图书馆的工作人员也可以对网络上的信息进行收集和筛选，根据用户和读者的爱好与需求，为需要信息服务的用户读者充当导航员，帮助他们更加快捷地搜索到自己所需要的资源和信息，提高图书馆的工作效率。

第二，个性化。用户在访问数字图书馆时，可以根据自己的需求选择特定的服务模式，图书馆则根据用户提出的要求通过数字网络将信息传递给用户。这种个性化的信息服务可以使用户处于主导地位，从而方便其获取自身所需要的信息。

第三，便捷化。信息服务由原来用户单向被动地接收信息转变为用户与信息服务提供者双向互动，用户可以主动地参与到数字信息服务的每一个环节中，将自身的爱好、需求等信息通过计算机网络技术传递给信息服务提供者，信息服务提供者以用户提供的信息作为参考来为用户制定服务；同时，用户在享受信息服务之后也可以与信息服务提供者进行交流，信息服务提供者可以根据用户反馈的信息对服务进行有效的改进，从而提高信息服务的质量。

二、构建数字化图书馆信息服务模式的必要性

第一，网络信息技术的快速发展。数字技术和网络技术将全球各地的计算机主机都连接在了一起，所有的信息资源也形成了一个庞大的网络信息系统。在这样的背景下，图书馆也应该积极构建数字化信息服务模式，利用网络信息技术具有的人性化和交互化的特性，实现网络信息资源的快速高效的传递，利用包罗万象的网络信息资源为用户提供更多方便。

第二，图书馆的发展方向和目标。传统的图书馆主要是信息资源的储备场所，现代的图书馆则开始逐渐向着同时具备信息资源储备、信息传递和中转等一系列功能的数字化图书馆方向转变。未来的图书馆在进行资料收藏的同时，更加注重对信息资源的收藏，在不久的将来，图书馆将会成为融信息传播和咨询服务等为一体的信息服务中心，具备强大的信息收集能力、信息存储能力和信息传递能力。

第三，满足读者个性化的需求。随着 21 世纪的到来，各种新鲜的事物不断地出现，社会信息环境也变得更加完善，同时用户对信息供应的需求数量、范围和层次等方面的要求也变得更加个性化。因此，图书馆在未来的发展中，需要加强对先进的数字技术和网络信息技

术的应用，针对不同需求的用户指定特定的信息服务，尽量满足用户的个性化需求。

第四，解决网络发展带来的负面影响。目前，网络上各种网络信息查询工具和搜索引擎相继出现些工具拥有几百万甚至上千万的网页数据，虽然能够为用户提供方便的信息获取渠道，但是由于网络数据的大量增加，出现了许多无用和过时的信息，导致用户在获取所需要的信息时受到了一定的阻碍。这时，图书馆就需要发挥自身信息加工和传播的功能，既要保证为用户提供丰富的信息资源，同时还要为用户解决有效信息难以获取的问题。

三、数字化图书馆信息服务的常见模式

（一）集成化信息服务模式

集成化信息服务模式集成了信息资源、信息技术、服务人员、服务功能、服务机构等多种信息服务要素，通过对整体模式进行优化，可以为用户提供多元化、多层次、全方位的动态信息服务，从而实现了集成化信息服务模式的综合性和高效性。

（二）个性化信息服务模式

个性化信息服务模式主要是针对用户的个性化信息需求而建立的。个性化信息服务模式通过利用网络技术和数字技术对信息资源进行收集、处理和筛选，从而向不同的用户进行有针对性的信息提供和推荐，包括信息主动推送、个性化信息制定、智能代理检索等。

一是信息主动推送服务。信息主动推送服务是根据用户的个性化需求，利用推送技术向用户主动推送信息的服务，如频道推送、网页推送、邮件推送等。在信息主动推送服务体系中，用户首先需要将自己的信息需求输入系统中，然后系统会根据这些信息在网络上进行搜索，最后将搜索得到的信息利用推送技术传递给用户。

二是个性化信息定制服务。个性化信息定制服务就是系统按照用户的信息使用特点和范围，将与用户相关的信息资源进行集成，为用户建立一个特定的资源集。

三是智能代理检索服务。智能代理检索服务指的是在用户进行信息空间活动的过程中，系统会自动跟踪和捕捉用户的兴趣爱好，并根据用户的兴趣爱好自动搜索信息并推送给用户。

（三）基于Web2.0的信息服务模式

Web2.0是对新一类互联网应用的统称，在图书馆数字化信息服务模式的构建中，为用户提供符合Web2.0环境的信息服务具有重要的意义。目前，基于Web2.0的具体应用主要包括Blog、RSS、Wiki等。

Blog指的是人们将日常工作、学习和生活中的一些人和事进行记录、感悟和思考，并

将其以文字、图片以及音频、视频等各种形式发布到网络上，与读者进行互动交流。数字化图书馆通过创建 Blog 交流平台可以实现读者与馆员之间的交流，馆员可以更加方便地了解读者的信息需求，同时读者也可以及时地了解图书馆的新闻、信息。

RSS 是站点与站点之间进行信息共享的一种方式，用户无须对多个站点逐一进行访问，只需要利用浏览器就可以浏览到各个站点的信息。图书馆可以利用 RSS 技术将馆内的书目数据、专题新闻、数据库等各类信息进行聚合，方便用户及时地浏览到图书馆的最新信息资源。

Wiki 是一种可以实现多人交流和创作的网站，所有的人都可以对网站中的内容进行编辑和更新。图书馆通过创建 Wiki 网站，可以方便读者将自己所需要的信息资源直接添加到网站中。

四、数字化图书馆信息服务的提高措施

第一，推动图书馆网络化发展。计算机网络技术和数字信息技术的快速发展是构建数字化图书馆信息服务模式的基础保证。因此，图书馆必须推进网络化建设的进程，加强对计算机、多媒体和网络设备等现代化设备的引进，建立一个协作发展、高效便捷的数字化信息服务系统。

第二，将用户需求放在第一位。图书馆应不断更新自己的服务理念，不断提高自身的基础设施和服务水平的建设，将读者的需求放在第一位，为读者提供更加人性化的信息服务。传统的图书馆仅为读者提供图书电子检索服务，而数字化信息服务图书馆则要尽量满足用户更多方面的信息需求，为用户提供完整的数据信息服务。

第三，提高图书馆人员的素养。图书馆要想为用户提供丰富的馆藏资源和完善的信息服务，必须制订完善的人才培养计划，加强对图书馆人员素质的培养。图书馆管理员不仅要具备优秀的信息反应能力和信息处理能力，同时还要熟练地掌握现代网络信息技术，从而使图书馆为用户提供的服务更加专业化。

第四，提高用户的数字化素养。首先，用户和读者只有具备一定的现代化网络技术和数字技术方面的知识，才能更加便利地获取所需求的信息资源。其次，提高用户的数字化素养还有利于加强用户读者与图书馆人员之间的交流和协作，从而共同构建数字化信息服务模式。最后，图书馆还要加强宣传教育和培训工作，以方便那些不太熟悉图书馆业务的用户和读者学习。

总之，图书馆一定要抓住发展机遇，加强自身数字化和网络化的发展，构建高效的图书馆数字化信息服务模式，不断地提升数字化信息服务水平，以便给用户带来更加高效便利的信息服务，在今后的数字化和信息化服务的竞争中立于不败之地。

第三章　图书馆数字化资源建设的实践探索

第一节　医院图书馆数字化资源建设的分析

一、医院图书馆的一般特点

在新时期的快速发展中，医院图书馆普遍是小型图书馆，工作人员一般在 1 到 4 个人，图书馆员工作的主要任务是根据医院的实际情况，提供医学、教学和科研等文献信息服务，根据医院的重点学科建设收藏更多的医学文献。例如，某地区人民医院的学科重点是心血管病学、血液病学、老年病学，文献资源建设过程中比较注重重点学科文献内容的收集。图书馆作为医院中的小科室，医院投入的资金相对较少，且与高校、大型公共图书馆相比，投入的经费存在很大差距，而建设数字化图书馆需要耗费更多的人力资源、物力资源和财务资源，且医院数字图书馆建设所要求的人员素质、专业水平还远远不够。例如，医院图书馆建设所涉及的数字化信息管理技术、数字化信息生产技术、全文检索技术、数字化信息传播技术和标准化技术等相关问题需要进一步实践和探索。因此，医院图书馆如要全面开发数字图书馆，必须充分利用好数字化资源、互联网资源和馆际合作资源。

二、医院图书馆数字化建设的现状

医院图书馆数字化建设指的是原有传统文献资源实现数字化加工、转化，开发并建设新型数字化信息资源，合理地整合、重组、分类和组织数字化资源，建立新型的数字化资源体系。在现代化社会的发展中，很多医院图书馆数字化建设普遍停留在传统文献资源数字化加工、转化方面，在开发建设新型数字化信息资源方面还远远不够。

另外，很多医院图书馆网站提供的服务具有一定的局限性，主要在医院图书馆概况、馆藏文献目录查询、读者借阅信息查询、生物医学数据库检索，个性化、深层次的信息服务还不够深入。

三、医院图书馆数字化信息资源建设的内容

（一）医院图书馆馆藏文献的数字化

馆藏文献数字化指的是传统图书馆的印刷型文献资源转变成数字化信息，这是现代化图书馆建设数字化信息资源的关键方式，在社会的长期发展中，图书馆拥有内容丰富、特色的馆藏资源，实现部分馆藏资源的数字化，为用户快速检索提供更多便利，实现馆藏文献资源的充分利用，发挥出馆藏文献的重要作用。

（二）根据需要建设和购买数据库

数字化信息资源的本质是数据库资源，这是图书馆信息资源建设中的关键内容，数据库建设的主要方式是引进和自建，如购买和网络下载。在数据库建设过程中，需要投入大量的人力、物力等资源，医院图书馆需要根据医学、教研工作的实际需求，建设具有一定特色的数据库。

（三）采集、整理与存储网络数字信息资源

网络信息资源开发指的是有效地收集、整理、组织相关信息资源，为用户网络查询提供指导。互联网中存在很多丰富的信息资源，如免费、购买访问权的信息资源相对松散、更新速度很快、数据类型相对较多，给查询、组织和管理信息资源带来了很大难度。因此，医院图书馆需要根据自身的实际情况和需求，大面积收集、筛选、分类和重组分散的信息、资源，为读者提供准确、有序的信息，利用互联网技术加强和外界的联系，实行馆际协作，资源共享、优势互补模式，实现图书馆资源的充分利用。

四、医院图书馆数字化资源建设的优化措施

（一）加强图书馆数据库建设

医院图书馆具有专业性特点，在互联网时代的发展中，网络中可利用的信息比较繁杂，这就需要加大医院图书馆信息资源建设力度。在互联网时代，很多医院图书馆仍停留在使用传统的文献资源，依靠手工劳动为读者提供高标准服务阶段，无法满足新时期图书馆的发展需求。为了有效地改善这一现状，医院图书馆需要引进更多先进技术，建设高质量的文献信息资料库，为医务人员提供优质服务，数据库建设在现代化医院图书馆信息资源建设中发挥着十分重要的作用。医学文献信息构建过程中，相关人员需要具备独特的眼

光，确保各项信息的准确性。在信息数字化建设过程中，实现医学文献资源的针对性、目标性，突出文献资源的特色。

（二）重视图书馆资源、服务方式的宣传引导

在现代化社会的发展中，人民群众获取信息资源的方式日益丰富，信息资源的载体和内容更加多元化，为了适应现代化社会的发展需求，医院图书馆需要创新自身的服务模式，利用宣传海报、图书馆网站和办公平台方式，向医院科室发布更多信息，为医务人员提供更多获取信息的方式。另外，医院图书馆需要利用交流会和电话形式，掌握图书馆读者对馆内信息资源的需求，为图书馆工作的顺利实施提供便利。并且，医院图书馆需要根据用户的实际需求，利用内部局域网购买相应的服务器，合理地设置镜像站点，这样用户可不受时间和空间的限制，随时利用各项资源，并利用在线交互平台，加强和图书馆用户的交流，将图书馆资源融入用户的日常生活和工作中。

（三）建立高素质的图书馆服务团队

在新时期的发展中，图书馆收集、加工、整理和提供医学文献信息资源的方式发生了很大转变，逐渐呈现出自动化、网络化、数字化和全方位的发展趋势。图书馆服务质量与馆员的工作积极性、创新性息息相关，医院图书馆员需要掌握图书馆学、医学情报、临床医学、心理学、计算机科学等专业知识。但是，我国很多医院图书馆员的专业技能和综合素质参差不齐，虽然引进了很多先进的设备，但很少有人会用。

为了有效地解决这一问题，医院图书馆需要根据重点学科特长需求，制订满足图书馆发展需要的规划，为馆员提供广阔的职业发展空间，提高馆员的业务水平，定期开展馆内科研活动，激发图书馆员的创新意识，鼓励图书馆员接受更多的继续教育，掌握现代化技术的操作方式。另外，医院图书馆需要发挥自身的引导作用，鼓励馆员学习更多先进知识，提高图书馆员的创新意识，敢于创新和实践，提高医院图书馆的重要地位。

第二节　高校图书馆数字化特色馆藏资源建设

一、高校图书馆特色馆藏资源建设概述

（一）高校图书馆特色馆藏的主要内容

图书馆特色馆藏现阶段主要包含以下四项内容：

一是学科特色。每个学校的文化建设和优秀的学科各不相同，在进行特色馆藏建设

时，应该对优秀的专业和学科着重打造，构建丰富化、特色化的内容。

二是图书馆本身的特色。每个高校图书馆建设的特点不同，所蕴含的管理特色也不同，高校图书馆经过长时间的发展变迁，都会形成独特的馆内优秀文化，这些文化会渗透到学校的发展当中。因此，高校图书馆可以针对这些形成的内涵与文化以文字形式进行记载，进而编著具有馆内文化特点的文献，实现对图书馆本身特色的展现。

三是校内特色。校内特色一般是指由高校实现出版或创作的文献和书籍等，一般包含高校的教学书籍、讲义和高校内部学生写作的毕业论文以及教师参加各种学术会议所记录的会议文献等。这些内容都对学校的发展过程进行了有效记录，能够彰显学校的文化特点。

四是地方特色。地方特色又被称作地方文献，是指对当地政治、经济、文化和当地教育、风土人情风俗实现记录的记载。地方特色文献和记载能够有效体现当地的发展过程。因此，高校在开展特色馆藏建设时，可以把地方特色和高校的教学工作结合起来，实现两者的共同发展与传承。

（二）高校图书馆特色馆藏资源建设的现状分析

当代高校图书馆的特色馆藏资源的构建，与以往仅存典籍的观念有所不同，不仅是典籍的构建，还应包括各种具有学校特色的资源文库。近年来，随着高校图书馆的特殊文献越来越受到世界各国的关注，高校的专业文献、藏书、地图以及本校的硕士学位论文等，这些都使高校图书馆的馆藏更加充实。

高校图书馆特别收藏的文献，应当从其本身的历史和所能获得的信息来衡量。目前，学校资源和学科资源是高校图书馆资源的重要组成部分，北京师范大学图书馆充分发挥教师资源优势，将学校和学科资源结合在一起，形成了"影像资源库"；中国海洋学院也建立了"海洋文献资料库"。同时，全国各地的中医学院也都是立足学科和地方特色开展的，比如，南京中医药高校的"中国高校档案管理系统"（CALIS）和"江苏省高校文献信息保障系统"（JALIS）、"江苏名医档案库"等。

作为高校的现代化信息中心，图书馆拥有大量的文献资料，各高校都日益认识到馆藏的重要性。而特色馆藏资源则是高校图书馆建设中最宝贵的一部分，也是高校图书馆与其他途径相区分的关键。

二、特色馆藏对图书馆和高校发展的现实意义

（一）特色馆藏是图书馆核心竞争力的体现

在信息科技还不普及的年代，传统的图书馆没有电子资料、档案自动处理、档案资料

处理等功能，也不能大规模地开展以档案资料为基础的馆际互借与资料传送，一切工作都是以纸质资料为主的，并且在信息服务方面，读者只能依靠馆藏资料。图书馆在进行实力对比时，往往以藏书量为主要标准，而教育部门则以藏书总量、学生藏书、学生人均新书量等为评价标准。如今，由于信息科技的快速发展，电子图书的应用领域也日益广泛，电子资源越来越多，数据也越来越多。因此，只有增加特色馆藏才能使图书馆的竞争力增强。

（二）特色馆藏是精准化学科服务的重要资源

"特色馆藏"相对普通馆藏而言，读者更为特定，往往仅限于某一特定的学科、某一研究或某一研究区域的特定研究目标。以复旦大学为例，其所提供的专业范围更广。例如，当代生活专题专刊、社会学、中国史、中国政治学、经济学等；埃及学专馆则致力于埃及学科在全球范围内的学术研究。长期以来，图书馆学科服务一直被视为图书馆与读者的桥梁，而学科服务的核心是图书馆资源服务于学科、学者的关系。

特色馆藏是精准化学科服务的重要资源，与此同时，特色馆藏馆员是具有职业素养的专业人员，在特色馆藏与专业发展之间形成联系，提高其在工作中的效率，对提高高校的知名度和影响力具有十分重大的作用。

（三）特色馆藏是科研的重要驱动力

高校图书馆的档案管理工作，是图书馆工作的重要组成部分。高校教学科研工作如果没有图书馆的支持，则很难进行下去。在这方面，一般的图书馆具有普适性和保障性的功能，而特殊图书馆由于其独特性和针对性，则更能推动科学研究的发展。一般的图书馆都是根据现有的科研需求来建立的，也就是说，读者有需求，图书馆才会购买，这是一种"先有需求，后有资源"的现象。而特色馆藏则是以资料为依据，为研究提供线索、提出课题、产生新知识等。或者说，特色馆藏更能激发新的科学兴趣，成为开展科研项目的推动力。以复旦图书馆为代表，顾维钧的电子文献专库为中国近代历史的建设和发展起到了推动作用。

在特色馆藏上，图书馆的工作人员努力把一些有价值的图书资料和信息科技有机结合起来，以大量的外国图书为主要藏品，逐步建立起了科学库。高校图书馆是以师生为主的，因此，要有数量庞大的教学研究书籍。

（四）特色馆藏是教学资料的丰富源泉

特色馆藏既能推动科研发展，又能帮助学生探究挖掘新的专业知识，充分展现了其独特的教育意义。图书馆的馆藏有许多原始文献，是人文发展、社会科学发展以及教育实践的重要素材。通常，教师在讲授知识的同时，为了帮助学生发展学业，经常会被指派适合于本学科的教材，但是这一做法，大大妨碍了学生的个性化发展。要想培育出具有创造性、研究意识和批判思考能力的人才，从指定教材中得到的知识还远远不够。因此，特色馆藏就是丰富的知识库，能帮助教学的发展。

（五）特色馆藏是数字学术的重要数据来源

数字化学术是运用数码技术以及新的探索方式，对大量资料进行应用的一种研究。数字人文、计算和开放式的数字科学，以高协作、交叉研究和多元的方式为特征。数字人文、数字学术的概念被提出后，一直被看作这一运动的重要成员，除了拥有一定的专业技术人才和所具备的技术设备之外，最重要的是，它的专库是一个重要的科研资源来源。比如，上海图书馆以家谱特色馆藏为基础，开发了"族谱信息服务"的数字化人文科学计划；哈佛燕京图书馆也是在这两年内，以该中心的专刊为基础，开展了数字化人文科学研究；复旦图书馆的"印谱文库"也在研究其数字化人文科学的应用，许多特色馆藏将给数字学术带来新的活力。

（六）特色馆藏是校园文化、人文情怀、艺术修养的培养基地

当前，国内各高校的图书馆除了普通的古籍、手稿、书信等专有的特殊藏品外，还将各个学科的科研成果和学术史料等作为特色馆藏。图书馆作为学校学术文化交流的重要载体，通过广泛征集、集中展示和适时宣传推广，使校园学术文化深入人心，达到图书馆二次育人的目的。

另外，许多高校没有开设艺术部，不一定有藏书丰富、设施完善的美术馆和博物馆，高校的美术素养教育大都散落在课程和活动之中。借助人文科学、艺术性的特殊收藏，可以很好地培养高校生的人文情感和艺术素养。比如，图书馆运用收藏的书法和绘画来布置室内的空间，以展示的形式来培养学生的审美情趣；开展美术作品专题展览，如复旦高校举办的《红楼梦》专题印鉴展览、抽象派美术作品展览等。此外，还可以结合博物馆的特色，建立与美术有关的专题资料库，例如，复旦图书馆所建的《印谱档案》，以此来提高高校生的人文意识。

（七）特色馆藏是促进优秀传统文化继承和创新发展的重要阵地

中华古籍、碑帖、拓片等是我国藏书领域历史最长的一种特殊收藏。这些古籍，浩瀚无边，蕴藏着中华民族几千年的优秀传统文化，是中华优秀传统文化的一个主要载体，对

推动我国优秀传统文化的继承和发展具有重大意义。近几年，在继续加强对文献整理工作的同时，对文献的保存和恢复工作也越来越受到人们的重视。在全国古籍保护中心的领导下，建立了大量的古籍保护研究所、研究中心。

另外，在全国博物馆110周年馆庆期间，还组织了一次"中华优秀传统文化经典保护与继承展览"，展示了重要古籍修复工程的重要成果，并组织了博物馆寻宝、古籍修复、纸张的印染等。自复旦中华古籍保护研究院创建以来，通过创办造纸作坊、组织传拓体验活动、每年举办曝书节、举办家谱制作培训班等，在不拘泥于优秀传统文化的基础上，坚持创新，不断地加强对优秀传统文化的继承和发展。

三、图书馆数字化特色馆藏建设工作存在的问题

第一，高校缺乏对数字化图书馆建设工作的重视，资金投入力度较小。部分高校未意识到数字化图书馆建设工作的重要性，还是沿用传统的图书管理方式，进行纸质的阅读与管理，阻碍了对图书文化资源的传播与共享，并且很容易造成资源的浪费与破坏。除此之外，很多高校虽然对数字化图书馆建设工作有一定的了解，但是由于缺乏资金支持，很难购买数字化的先进设备和管理平台，进而很难开展图书馆数字化的相关工作。高校图书馆数字化特色馆藏资源建设工作是一项复杂化和系统化的工程，需要巨大的资金来支撑。因此，高校应该加强对数字化图书馆建设工作的重视，可以通过政府部门和社会来获取更多的资金支持，进而实现高校图书馆数字化特色馆藏资源的建设。

第二，缺乏对信息化技术的应用与推广。一些高校图书馆对信息化科学技术缺乏有效了解与掌握，有的仍使用传统的线下借阅方式和人工管理模式，无法实现对书籍信息和多媒体信息的有效处理，无法满足借阅者的更多需求。高校图书馆数字化系统的缺乏，严重阻碍了数据信息资源的传播，并且很容易导致书籍保管和借阅工作出现问题，无法实现安全管理。例如，在众多借阅者想要借阅同一本书的情况下，传统的管理模式很难实现和满足借阅者的需求，借阅者需要等待较长时间才能够实现对资源的获取。并且传统的管理模式多采用人工方式，对于书籍的整理和借阅效率较低，书籍也很容易导致传播过程中的破损，增加不必要的成本和支出。

第三，高校图书馆特色馆藏资源不足，缺乏资源开发工作。现阶段我国高校图书馆的信息资源主要由现实图书馆藏资源和网络平台资源构成，随着数字化图书馆建设工作的开展，很多高校把工作重点都转移到数字化建设平台中来，但又缺乏对高校实体图书馆的重视，在实际工作中，实体图书馆的馆藏资源逐渐减少，大都在信息平台上进行展示，虽然这样实现了对资源和文献的有效保护，但是却无法实现对特色馆藏资源的建设，对于一些重点的学科和教学内容等，无法实现有效的记录与传播，对于高校自身文化的传承和发展

也造成一定的影响。

第四，缺乏数字化的管理人才。高素质、复合型的数字化图书馆管理人才是保证高校图书馆数字化特色馆藏资源建设工作有效开展的重要保障。现阶段在我国的发展背景下，本身对于高校图书馆数字化建设工作就举步维艰，所以图书馆数字化管理人才更是缺乏，能够实现有效管理的专业化人才不足。

在数字化图书馆建设中，由于缺乏专业的管理人才，很容易导致数据资源出现重复和短缺问题，并且数字资源的管理缺乏清晰化，无法满足馆藏的标准化和规范化要求，进而降低了设备的存储利用率。除此之外，很多高校图书馆的管理人员都是由年龄较大的人员担任，虽然只是进行重复性的操作，但是这些人缺乏对信息化技术的应用与了解，并且工作效率较低，很难实现对数字化图书馆的有效管理，缺乏对计算机技术的有效应用与处理，整体的高校图书馆管理队伍能力较低，无法满足学生和人民群众的需求。

四、图书馆数字化特色馆藏资源建设工作的开展对策

（一）加大资金投入力度购买数字化设备

充足的资金是保证高校图书馆数字化特色馆藏建设资源工作顺利开展的基础。首先，高校图书馆应该加强对数字化管理模式工作的重视，购买先进的数字化设备，引进先进的数字化平台，还可以借鉴优秀的数字化管理经验，为数字化建设工作提供充足保障。其次，高校图书馆可以通过向社会筹集，或者由政府支持的方式来获取资金，寻求经费支撑，有充足资金之后，高校图书馆应该对资金进行合理分配，针对设备的购入、平台的软件和硬件购买以及人员的配置等项目进行合理分配，资金充足时还可以搭建符合自身发展特点的平台，实现对高校文化和信息资源的有效传播。最后，在获取充足的资金支持后，高校也应该购买大批的书籍存放到实体的高校图书馆当中，实现实体特色馆藏和数字化网络平台的相互结合，充分满足阅读者的不同需求。

（二）注重数字化信息文化建设，优化特色馆藏资源

保证数字化的信息资源是开展高校图书馆数字化特色馆藏资源建设工作进行的重要前提。高校图书馆要明确图书馆建设与管理的目标点以及落脚点，不仅要实现馆藏资源的数字化，更要在数字化的基础上保障学校的特点，在开展特色馆藏资源建设工作时，应该在保障一些信息资源传播展示的同时，还要对校内的特色学科以及文化等内容进行融入，这样不仅丰富了馆藏资源的建设内容，更实现了对高校的文化传承，便于图书资源的体系完善工作，充分发挥图书资源的价值，充分推动高校图书馆的发展与改革。

（三）构建专业化的图书馆管理团队

首先，高校图书馆要对管理人员进行必要的审核与选拔，保证管理人员对计算机等网络技术的熟练掌握与应用，进而实现对管理工作效率和质量的提高。

其次，高校图书馆还应该针对图书馆数字化特色馆藏工作的管理人员进行必要的培训与教育，定时开展数字化的培训与激励，学习先进的管理经验和方法，提升自身的专业水平，必要时还可以聘请专业化、信息化人员和网络化人员来开展工作，强化管理人员的服务意识，转变传统的思想观念，为高校图书馆数字化特色馆藏资源建设的工作做好保障，保证达到岗位标准与要求。

最后，高校图书馆还应该制定合理的考核制度和人才发展制度，对数字化的管理人员进行公平公正的审核评价，对于不合适的人员要及时解聘，对于优秀的员工要及时进行奖励，为员工提供合理发展空间，满足员工的需求，进而调动员工的工作积极性和主动性。

（四）大力提升服务质量，构建数字化平台

构建以信息化为依托的数字化高校图书管理平台是开展虚拟图书馆的关键，高校可以针对自身情况聘请专业化的平台设计人员，对数字化的高校图书管理平台进行构建，可以通过图书馆的网站主页来实现借阅者对信息资源的搜索，还可以构建相应的资源数据库，对图书馆内的各项资源进行导航与共享，充分满足借阅者的需求，实现数字化图书馆网络系统的建设与发展。除此之外，高校还可以针对学生的发展需求和不同情况，制定专业需求，更加便于不同专业学生的需求与查找，有效提高整体效率。为更好地提高馆藏资源的建设工作，高校还可以定时向学生进行图书资源的推送，引导学生进行查找与阅读，在提升学生文化水平的同时，更推动了数字化图书馆的建设，实现了文化的传播。

（五）加强对特色资源体系的开发与利用

在开展高校图书馆数字化建设工作的同时，也应加强对自身发展特色的重视，可以组建专业教师团队，对高校特色资源的体系进行有效开发与利用，针对高校内部的一些特色资源和文献进行整理规划，丰富图书馆资源库的内容，实现有效的资源整合与共享，充分提高特色馆藏资源的共享与连接，转变传统的图书管理模式，做到与时俱进，不断学习新型的管理模式和方法，构建相应的图书管理平台，制定先进合理的管理制度，培养先进的数字化管理人才，加强对高校特色资源体系的完善与构建，从根本上实现书籍和文献的电子化、数字化，提升整体的工作质量和工作效率。

总之，在信息化时代的背景下，高校数字化图书馆特色资源馆藏工作的开展势在必

行，对于学生、学校以及社会来说都有着重要的意义与作用。数字化的推广与应用是实现高校图书馆馆藏资源建设的核心。在开展高校图书馆馆藏资源建设工作时，高校应该加强对网络技术和信息技术的应用，最大限度地实现信息资源的共享与有效利用。

第三节　公共图书馆资源全数字化建设的思考

未来的图书馆建设不仅仅是朝着个性化的方向发展，还需要朝着数字化的方向进步。为更多不同年龄段和不同层次的读者，提供更加优质的阅读服务，减少不同层次阅读者在阅读时面临的阻碍。数字化建设尤其需要考虑为青少年提供更加便利的服务，帮助青少年选择其感兴趣的阅读类目。不仅如此，通过数字化建设可以优化读者的阅读环境，更加方便图书管理，弥补图书馆员经验不够丰富的不足。除此之外，还需要重视图书馆的地理位置选择以及图书馆内的空气净化。

一、公共图书馆资源全数字化建设面临的阻碍

公共图书馆数字化建设还存在较多阻碍，需要结合公共图书馆数字化建设的具体情况进行分析。

第一，图书馆的内部借阅服务不完善。首先，未能提高图书馆的服务质量，不够重视青少年的阅读指导服务，特别是加强青少年的咨询服务工作；其次，缺乏对图书馆内庞杂的图书种类进行信息化的管理，难以帮助读者快速找到所需要的图书，提高找书的效率，读者常常为找书消耗过多的精力；最后，公共图书馆内的读者众多，未能营造一个良好的阅读环境，没有为读者提供一些基础的茶水服务和饮食服务，难以帮助读者在阅读的同时得到较好的休息。

第二，图书馆的管理模式落后。公共图书馆的管理模式仍然停留在过去，缺乏引入信息化的工具或者信息化的软件，没有建设图书网站，图书馆的管理模式也不够完善。没有了解不同类型读者和不同年龄段读者的阅读需求，缺乏为未成年读者提供个性化的服务，没有加强图书馆信息化、数字化管理模式的建设，不能让读者有针对性地选择图书教育资源，而且也难以提高人们参与图书活动的积极性。读者社区设立的目的在于帮助读者结交一些具有共同兴趣爱好的书友，但目前公共图书馆无法让更多的人加入读者社区，没有促进图书教育资源的普及，图书资源的利用效率较低。

第三，数字化资源共享平台建设滞后。首先，在公共图书馆建设的过程中，没有推进数字化图书馆工程，其经费难以得到落实与保障，尤其缺乏中央财政的支持，难以统一调配特殊服务资源；其次，在数字化图书馆建设的过程中，没有培养专业的数字化图书馆人

才队伍，难以提高人才的理论水平和业务能力；最后，在资源建设和技术平台的搭建方面，缺乏与教育、科研等系统数字图书馆建设项目的合作共建。

第四，图书馆数字化资源库建设不到位。首先，在图书馆数字化资源的分布式建设中，没有对数据库内的电子书进行统一化管理，未能将个人数字图书馆和数据发布平台的资源有效整合，缺乏联合检索功能；其次，没有建设具有特色的数据资源库，并且未实现数据跨馆联合共建，无法实现跨地域图书馆特色数据库的联合，没有编目信息进行统一保存；最后，许多地区仍然没有进行数字资源分布式建设与共享平台深入研发，数字化资源库未得到有效利用。

第五，图书馆员的素质水平较低。我国的公共图书馆和其他的高等教育机构对图书馆员没有加强专业的培训教育，并且缺乏丰富的管理经验，不能够提高为读者提供服务的水平。图书馆员的门槛也没有升高，综合素质水平也比较低，图书馆员自身难以主动学习，学习的自主性不高。公共图书馆没有根据图书馆员的自身情况进行分析，也没有做到结合实际需要，尤其缺乏对图书馆员进行分层管理和培训。除此之外，我国对图书馆员的工作不够重视，未能提高图书馆员的网络信息素养，难以促进数字化图书馆建设。

二、公共图书馆资源全数字化建设的改进建议

针对上述公共图书馆数字化建设过程中面临的阻碍，通过总结公共图书馆数字化建设的经验，本书提出相应的改进建议。

（一）积极完善图书馆的内部借阅服务

首先，提高内部借阅服务的质量需要重视青少年的阅读指导服务，特别是加强青少年的咨询服务工作；其次，需要对图书馆内庞杂的图书种类进行信息化的管理，帮助读者快速找到所需要的图书，提高找书的效率，为读者节省时间和精力；最后，鉴于公共图书馆内的读者众多，需要打造一个良好的阅读环境，为读者提供一些基础的茶水服务和饮食服务，从而帮助读者在阅读的同时得到较好的休息。

（二）不断更新图书馆的管理模式

公共图书馆的管理模式应做到与时俱进，根据实际情况引入信息化工具和软件，加强图书网站的建设，完善图书馆的管理模式。通过多种手段收集整理不同类型、不同年龄段读者的阅读需求，针对未成年读者提供个性化的服务，通过图书馆信息化、数字化管理模式的推行，满足读者对于阅读的需求，并且还可以提高其参与图书活动的积极性。鼓励读者加入读者社区，对图书馆提出宝贵意见、建议，促进图书资源的普及，提高图书资源的利用效率。

（三）积极建设数字化资源共享平台

首先，公共图书馆应推进数字化图书馆工程，利用多渠道筹集资金，为数字化资源共享平台的建设提供物质基础；其次，在数字化图书馆建设的过程中，需要培养专业的数字化图书馆人才队伍，不断提高人才的理论水平和业务能力；最后，在资源建设和技术平台的搭建方面，需要加强与教育、科研等系统数字图书馆建设项目的合作共建，从而形成合力。

（四）积极建设图书馆数字化资源库

首先，公共图书馆应建设分级、分布式的数字资源库，实现数字资源无障碍共建共享；其次，在构建资源库的基础上，深挖自身特色、优势，对数字资源进行有效的组织、整合、挖掘，避免产生同质化问题；最后，图书馆数字化资源库建设完毕并投入使用之后，应不断对其进行完善，在使用的过程中发现问题、解决问题。

（五）有效提升图书馆员的素质水平

我国的公共图书馆应学习先进的培训理念和方法，对图书馆员加强教育和培训，并通过实践积累服务的经验，从而为读者提供更加优质和专业的服务。首先，可适当提高图书馆员的门槛，提高对其工作能力、综合素养的要求，并鼓励其加强日常自主学习，不断提升自己的知识储备量和业务能力；其次，公共图书馆需要对馆员进行分层次管理和培训，根据岗位需求和个人能力的不同制订有所侧重的培训计划，有针对性地提高其素质水平；最后，国家应加强对图书馆员工作的重视，从而更好地发挥其作用和价值。

第四章 档案管理工作与数字化创新

第一节 档案与档案工作概述

一、档案概述

（一）档案的定义理解

《档案工作基本术语》对档案的定义表述为：档案是指国家机构、社会组织或个人在社会活动中直接形成的有价值的各种形式的历史记录。本定义包含了四个基本要素。

1. 档案的来源

档案来源于一定的单位或个人，是人们在社会活动中形成的，其形成单位极其广泛。档案的形成者来自两个方面：一是机关、团体、部队、企事业单位等；二是个人、家庭和家族。

档案来自四面八方，是社会上各行各业、各个单位及个人在社会活动中的产物，从而决定了档案来源的广泛性。同时，这些形成档案的特定单位有着相对的稳定性。只要某个单位继续存在，那么相关的档案就会连绵不断地形成和积累，从而决定了档案来源有着一定的连续性和稳定性。另外，各单位每一方面工作、每一次会议、每一项科学技术活动等，必然会产生相关的文字记录，这些多样化的社会活动决定了档案内容的丰富性与联系性。

因此，档案来自一定的单位，形成于特定的社会活动中。档案的来源广泛、内容丰富，同一来源的档案内容之间有着内在的联系，在档案管理中必须尊重和维护这种联系，从而有效地发挥档案的作用。

2. 档案的形成条件

各单位或个人在自身活动中，为了相互交往和记录事务，总要产生和使用许多文件材料，由于工作的持续性和事业的发展，便有意识地将一部分文件留存下来以备查考，但并不是所有的文件都需要和可能实现这个转化。文件转化为档案一般需要具备一定的条件，即必须是办理完毕的文件；必须是对日后具有一定查考和保存价值的文件；必须是按照一定规律整理完毕的文件。可见，档案和文件既有联系又有区别，档案是由各种文件材料转化而来的。

3. 档案的本质属性

档案是原始的历史记录，这是档案的本质属性。档案是由形成者在各自的活动过程中直接形成的，即档案是由特定的形成者在当时当地为适应活动需要而直接形成的原始文件的转化物，所以，档案具有很强的原始性。同时，档案又是以具体内容反映形成机关或人物社会活动的历史记录，所以，档案具有很强的记录性。正是这种融原始性和记录性为一体的特点，成为档案区别于图书、资料等其他文献资料的独有特性和根本标志。

作为人们社会实践活动原始的历史记录，档案具有最权威的真实性、可靠性。但不是说档案所记载的内容都是真实的，我们必须辩证地看待档案的可靠性问题。一方面，从档案文件的形成本身来看，档案都是真实的历史记录，即使档案内容没有真实描述某一客观事实，但文件的形成过程是真实的，即使某份文件是伪造的，这份文件本质上也就成为伪造者的伪造活动的真实记录；另一方面，从档案的内容来看，即使档案内容有虚假部分以至完全违背事实，它表达了当事人的意图，留下了当事人行为的痕迹，其档案本身也说明了某种历史事实，即成为伪造者自身行为的一种证据。对于研究伪造行为的背景和意图，对于认识和揭示某种社会历史现象，有时也是颇有利用价值的。对内容确有不真实、不可靠之处，既不能简单地将这一客观存在付之一炬，也不能用现实的观点去"改造"它，应在考证后在卷内备考表内附以必要的说明。

4. 档案的形式

档案的形式包括档案的载体形式、档案的文种名称和档案内容的记录方式等。我国档案载体形式，古代有龟甲兽骨、青铜钟鼎、竹木板片、金册铁券、缣帛、纸张等，现代有胶片、磁带、磁盘等；档案的文种名称，有诏、谕、题本、奏折、咨呈、照会、电报、命令、通知、条约、协议、计划、报表、会议记录、手稿、日记、信函等形式；档案内容的记录方式，有手写、刀刻、印刷、晒制、摄影、录音、录像等。档案的形态还会随着社会的发展而不断变化和更新。

（二）档案的不同形态

按照不同的标准，档案的常见分类方法有按形成时间划分、按内容性质划分、按形成领域划分以及按载体形态划分四种。

1. 按照形成时间划分

按照形成时间划分，档案可分为古代档案、近代档案、现代档案。

古代档案是指 1840 年以前所形成的全部档案。

近代档案是指 1840 年至 1949 年 10 月 1 日中华人民共和国成立之前的各个历史时期中

形成的各种内容和形式的档案。

古代档案和近代档案习惯上也称为"历史档案"。

现代档案是指 1949 年中华人民共和国成立以来党和国家的中央和地方各级机关、团体、企事业单位形成的档案，以及由国家征集和个人捐赠的某些著名人物档案。

2. 按照内容性质划分

按照内容性质划分，档案可分为文书档案、科技档案、专门档案。

文书档案亦称"普通档案"，是机关、团体、部队、企事业单位等在党务、行政管理活动中形成的档案材料。

科技档案是指人们在科技、生产和基本建设等活动中形成的、具有查考利用价值、已经归档保存的图纸、图表、文字材料、计算材料、照片、影片、录像带、磁带、光盘等各种类型和载体的科技文件材料。

专门档案是指某些部门在从事各种专门活动中形成的有保存价值的文件材料，专门档案种类繁多且具有独特的管理方法。

3. 按照形成领域划分

按照形成领域划分，档案可分为公务档案、私人档案。

公务档案是指国家机关、团体、企事业单位和其他社会组织在公务活动中形成的为社会所有的档案材料。这些档案多由各级各类档案机构保存。

私人档案是指人们在社会活动中形成的、归私人所有的档案，如日记、文稿、笔记、账单、票据、信函。这些档案在不危及国家、集体和他人利益的前提下，一般由个人自行保管和处置。

4. 按照载体形态划分

按照载体形态划分，档案可分为纸质档案、非纸质档案。

纸质档案是指以纸张为记录载体的档案，这是在相当长时间内档案馆（室）保管的主要载体形态，为我国 1 000 多年来最基本的书写材料。

非纸质档案又称"特殊载体档案"，不仅包括纸张发明以前出现过的甲骨档案、金石档案、简牍档案、缣帛档案等古代档案，而且包括胶磁等新型材料为载体的档案。

（三）档案的价值及其规律

1. 档案的价值体现

档案的价值体现在凭证价值和参考价值两个方面。

（1）档案的凭证价值

档案的凭证价值是指档案作为证据作用的价值。档案的凭证价值与其原始性密切相关。档案之所以具有凭证价值，是由档案形成规律和档案自身的特点所决定的。

从档案形成过程及其结果上看，档案是从社会实践中诞生的，是被直接记录的，而不是在事后或者需要的时候编纂的、捏造的，因而具有客观性、真实性，足以令人信服。

从档案本身的物体形态上看，文件上保留着真切的历史标记：当事人的亲笔签署或者批示，机关或个人印信，原来形象的照片、录像和原声的录音等。这些就成为日后查考、研究、争辩和处理问题的依据。

（2）档案的参考价值

档案的参考价值是指档案作为借鉴作用的价值。档案的参考价值与其记录性息息相关。档案不仅记录了历史活动的事实和经过，而且记录了人们在各种活动中的思想发展。档案中有成功的经验和失败的教训，有思想观点和试验观察数据，有社会的变革和生产的发展，这些都可以为后来的人们提供借鉴，使人们在工作和学习中能快速地达到目的。

2. 档案作用发挥的规律性

（1）档案作用范围的扩展律

一般而言，时间和作用范围成正比。档案在形成之初的相当一段时间内，主要是对形成者本身有用，是为形成单位工作和生产活动提供查考利用，档案发挥作用的主要对象是本单位。随着时间的推移、社会的不断发展，档案在本单位的现行效用会逐渐降低，档案进入档案馆管理阶段后，利用服务的范围向社会扩展。与此同时，社会各界对这些档案的利用需要日益增强，人们不但要利用自身所形成的档案，还会涉及其他的档案，因此，档案最终成为社会的财富。

（2）档案机密程度的递减律

档案是各个机关、团体和个人在社会实践活动中形成的一种历史记录，其中一部分档案具有一定的机密性。

一方面，从档案的前身——文件开始，就有不同的密级区分，而文件转化为档案之后，出于各自的政治和经济等方面的利益考虑，必然有一部分档案不能公开，必须对具有机密性的档案规定一定的使用范围和保密期限。

另一方面，档案的机密程度随着时间的推移和条件的改变而发生变化。经过若干年后，有些档案仍具有机密性，而有些档案机密程度减弱，有些则完全失去了机密性。一般来说，档案机密性的强弱与档案保存时间的长短成反比。

（3）档案作用发挥领域的多元化

随着社会的进步和人们对档案认识的深化，档案发挥作用的领域趋于多元化，从作用于行政管理、经济建设、文化建设和科学研究等领域，逐渐拓展到面向社会。

二、档案工作概述

档案工作是用科学的原则和方法管理档案，为社会各方面服务，维护党和国家历史真实面貌的一项重要工作。档案工作是伴随着档案的产生和发展而同时产生和发展起来的，经历了数千年漫长的历史。"我国是世界文明古国，在长期的历史进程中，积累了极其丰富的档案工作经验，为世界档案事业的建设和发展做出了卓越的贡献。"[1]

（一）档案工作的基本性质

长期以来，对档案工作的性质有过很多讨论，归纳起来，从档案的主要作用和特点来看，它是一项服务性、政治性、管理性、文化性的工作。

1. 档案工作的服务性

档案工作是通过管理档案和提供档案信息为各项工作服务，这是档案工作区别于其他工作的主要特点。档案工作的服务性表现为它是其他各项工作的基础和条件，因此，也有人把它称为一项基础性、条件性的工作。

档案工作的服务性，是档案工作赖以存在和发展的条件。古今中外，一切档案工作都是为一定的经济、政治、文化、社会等事业服务的，离开了这一点，档案工作就不会存在，也不会发展。实践证明，不论什么地区或单位，档案工作都与各项工作紧密联系，积极开展服务利用工作，这个地区或单位的档案工作就能迅速发展，档案工作的地位和影响也就得到相应提高和扩大。反之，如果服务性没有体现出来，档案工作的开展就会受到不同程度的影响。因此，档案人员应该充分认识到这一点，树立明确的服务思想，自觉为社会各方面提供档案信息服务。

2. 档案工作的政治性

在我国，档案工作不是一般的服务性行业，而是在国内、国际政治斗争中，为维护广大人民利益，巩固人民民主专政，保护党和国家秘密安全的重要工作。当前，档案工作要为全面深化改革和现代化建设服务，这就是档案工作政治性的体现。

档案工作还有一定的机要性，这是由档案本身的特点以及档案关系国家利益、集体利益、个人利益所决定的。任何国家的档案工作都有一定的保密要求，这是因为，一个国家的档案，记载了这个国家的经济、政治、军事、科学技术等方面的真实情况，其中有部分档案内容涉及国家利益，需要保密。同样地，任何组织机构形成的一些档案内容涉及组织机构利益，需要保密。各级各类档案馆和档案室保存的档案中有的涉及个人隐私，也需要

[1]肖兴辉，刘新萍．文书与档案管理［M］．北京：对外经济贸易大学出版社，2014：102.

保密。对涉密档案，要在一定时间和范围内做好保密工作，以保证档案秘密安全。档案人员必须树立正确的保密观念，遵守保密法律法规，坚持保密原则，以维护国家、集体和个人的利益。

档案工作的政治性还体现在维护档案的真实性方面。在历史上和现实社会中，有的人出于政治和经济等目的企图篡改档案，歪曲事实，档案人员要讲政治，坚持实事求是，维护党和国家的历史真实面貌。

3. 档案工作的管理性

就档案工作本身而言，它是一项管理性的工作，具体表现为：档案工作是负责管理档案的一项工作，属于一项专门业务。它不仅仅是对档案的一般管理，而是用一整套科学的理论原则和技术方法管理档案，对庞杂的档案进行研究、考证、系统管理；不仅仅是对档案实体的管理，而且还需要对档案信息进行管理并开发利用。

同时，档案工作还是各项管理工作的重要组成部分。在组织机构，档案工作是该组织机构管理工作的一部分；在各项工作中，档案工作都是该项工作的组成部分。比如，人事管理离不开人事档案，财务管理离不开会计档案，人事档案工作和会计档案工作，分别是人事管理和财务管理的一个重要组成部分。因此，要求档案人员掌握档案业务知识以及管理学、相关专业知识和信息技术等知识与技能。

4. 档案工作的文化性

文化是一个不断发展的历史过程，延续文化传统离不开对前人文化的学习、继承和创造，同时，文化必须通过人的后天学习，才能得以继承。档案作为历史文化的"原生态"记录，是历史文化遗产，更是人类文化和文明发展的基础。档案是一个传承纽带，人们利用档案创造新的文化成果，成为当今文化的组成部分，又通过档案为后人的文化创造积累丰富的文化财富，使人类文化衍生出独特的历史继承性。

通过开展档案工作，国家的文化资源得以积累、存储和传承。因此说，档案工作是一项传承文明、传播文化的工作，是一项文化性的工作，是国家文化事业的重要组成部分。同时，随着我国文化事业的不断繁荣，也将进一步推动档案工作的发展。

（二）档案工作的原则

我国档案工作的原则是经过长期的实践，逐步完善并确定下来的，具体包括以下方面：

1. 统一领导、分级管理国家全部档案

统一领导、分级管理国家全部档案，这是我国档案工作的组织原则和管理体制。其基本内容可概括为如下三个方面：

第一，国家全部档案由各级、各类档案保管机构集中保存。

根据我国档案法的规定，对于国家所有、集体所有和个人所有的档案，采取不同的管理办法。国家机关、国有企业及企事业单位形成的档案，必须按照规定定期向本单位档案机构或者档案工作人员移交，集中统一管理，任何人不得据为己有。国家机关或专业系统的档案需要长久保存的，应按照规定向各级综合性档案馆或专业性档案馆移交。集体和个人所有的对国家和社会具有保存价值的或者应当保密的档案，档案所有者应妥善保管。档案所有者可以向国家档案馆寄存或出卖。

第二，全国档案工作，由各级国家档案行政管理机关统一、分级、分专业地进行管理。

统一管理，是指国家行政管理机关主管全国的档案工作，对全国档案工作实行全面规划和统筹安排，制定档案法规和标准，提出统一的档案事业发展方针政策，进行档案业务指导和监督。

分级管理，是指县级以上各级人民政府的档案行政管理机关主管本行政区域内的档案工作，按照国家规定并结合本地区的实际情况，制订本地区的档案工作规划和制度，并对本地区内的机关、团体、企事业单位和其他组织的档案工作实行指导和监督。

分专业管理，是指中央各专业主管机关在国家档案行政管理机关的指导下，针对本专业系统的特点，制订本专业系统档案工作的规划和制度，对本专业系统内的档案工作进行指导和监督。

第三，党、政档案和党、政档案工作实行统一管理。

1959 年以前，我国实行的是党、政档案分开管理的体制。根据中共中央 1959 年 1 月 7 日下发的《关于统一管理党、政档案工作的通知》的规定，我国实行了党的档案工作和政府档案工作的统一管理，各级党委直接领导的体制。这种领导体制曾发生了几次变动，但党、政档案和党、政档案工作统一管理的管理体制没有发生变化。

2. 维护档案的完整与安全

维护档案的完整与安全，是档案管理工作的基本要求。只有保证档案的完整与安全，才能维护历史的真实原貌，为档案工作提供必要的物质基础。

一方面，维护档案的完整。档案的完整性包括两个方面的含义：档案数量的齐全完整和档案整理的系统性。档案数量的齐全完整，要求凡是具有保存价值的档案都要收集齐全，避免残缺短少，实现一个单位、一个系统、一个地区和一个国家真正有保存价值档案在数量上的完整性；档案整理的系统性是指遵循档案的形成规律，维护档案之间的有机联系，将其组成一个有机的整体。这样才能反映一个单位、一个地区乃至整个国家从事社会活动的过程和基本历史面貌。

另一方面，维护档案的安全。档案的安全性包括两个方面的含义：档案实体的安全和档案内容的安全。档案是珍贵的历史记录，往往只有一份孤本，而且年代越久远的档案，其价值就越大。但由于社会和自然的因素，档案材料不免会遭到损毁。因此，应尽可能延长档案的寿命，保证档案实体的物理安全。同时，也要避免档案机密的泄露或遭人为破坏，保证档案信息内容的安全。

3. 便于社会各方面利用

便于社会各方面利用，是档案管理工作的根本目的，是检验档案工作效果的重要标准。便于社会各方面利用的原则，应始终贯穿于档案工作的各个方面和各个业务环节中，它是我们制定档案规章制度和组织档案业务工作的出发点，并以此作为主要标准去检查和评价档案工作的质量。

我国档案管理工作基本原则的三个方面是相互联系、相互统一的。统一领导、分级管理是核心，没有统一领导、分级管理的管理体制保证，维护档案的完整和安全，便于社会各方面利用就很难实现；维护档案的完整和安全是手段，没有档案的完整与安全，就谈不上档案的方便利用；便于社会各方面的利用是目的，离开了这个目的，维护档案的完整与安全就失去了意义和方向。因此，应该全面地理解和贯彻执行档案工作的基本原则。

（三）档案工作的一般要求

1. 建立档案工作组织

（1）设置机构。各机关、人民团体和企事业单位应当设置档案工作机构。机关、人民团体、事业单位的档案机构一般设在办公室（秘书处），企业设在综合管理部门。机关、人民团体和企事业单位可结合实际情况设置独立的档案机构，如档案处、综合档案室、档案管理中心、市属大型企业、科研机构、高等学校等符合《上海市档案馆设置管理办法》相关条件的单位，可按规定程序设置企事业单位档案馆，并报市档案行政管理部门备案。

（2）明确职责分工。各单位应当明确一位单位领导分管档案工作，定期听取档案工作汇报，协调解决档案工作重大问题；明确档案工作管理机构及其负责人，落实档案管理职能；根据本单位档案工作实际情况配备档案工作专职人员，各部门、处室落实一名档案工作兼职人员，明确岗位职责及分工。专职人员应当主要从事档案工作，兼职人员一般由各部门、处室的内勤担任。档案工作人员均应接受业务知识培训。

2. 履行档案机构的职责

档案机构的职责为：建立健全本单位档案工作规章制度；负责本单位文件材料的收集、整理、归档工作；依法规范开展各项档案业务工作；集中统一管理本单位的各类档案；依法依规向有关档案馆移交档案；对所属机构档案工作开展监督、指导。

3. 配置档案工作的设施设备

第一，配置独立的适宜安全保存档案的专门库房。档案库房面积满足档案管理现实需要，且预留一定的空间。库房内配备必要的设施设备，如档案箱（或档案柜、档案架）、空调、去湿机、温湿度计、防盗、防火、防强光、防磁等必要设施设备。档案库房符合"八防"要求，温、湿度控制在档案保护技术规范要求范围内。

第二，设置档案阅览场所及档案人员办公场所。档案阅览场所应配备摄像头等监控设备。档案人员办公场所应设置档案整理区域。有条件的单位，档案库房、档案阅览场所和档案人员办公场所实行"三分开"。

第三，配备档案工作必要的其他设施设备。档案工作所必需的档案卷皮、档案盒、整理工具、复印机、计算机、扫描仪等其他设施设备也应配备齐全，以满足档案整理、保管和现代化管理的需要。

4. 开展档案信息化管理工作

开展档案信息化管理工作主要包括：建立档案目录数据库，应用档案管理软件，实现计算机辅助管理档案和查询档案；对新增电子文件开展归档管理工作；对存量传统载体的档案开展数字化工作。

第二节　档案管理的职能及手段

一、档案管理的职能分析

档案管理是管理者为了达到一定的目的，在所辖范围内对所管对象的一系列组织和实施活动。管理者对所管对象的一系列组织和实施活动，是通过管理职能来实现的。档案管理主要有以下职能：

（一）档案管理的决策职能

决策，简单地说，就是做出管理决定的意思。它是管理者对未来档案工作发展所做的选择和决定。它既包括确定合理的档案工作发展目标，也包括为实现这一目标而确定的方针、政策、规划、措施和具体行动方案。

决策在档案管理中有重要作用，表现为：它是行动的先导，档案管理离不开决策；它对现代档案管理活动具有直接的指导作用；它是衡量档案管理水平的重要标志，也是提高档案管理水平的重要手段。决策的正确与否，影响着档案工作的开展。决策是一个复杂、相互协调的管理活动。要使决策科学化，要求做好以下三点：

第一，逐步完善决策体系。要健全决策机构、咨询机构以及研究机构等，使各机构之间形成分工明确、协调一致的决策体系，并广泛吸收各方面的专家和专业管理人才充分参与决策，实行决策的民主化。

第二，提高决策者的素质和决策能力。人是决策的主体，决策者的素质是影响决策的关键因素。因此，必须提高决策者的马克思主义理论素质、管理科学素质、政治思想素质以及决策能力。

第三，建立科学的决策程序。任何一项重大决策和档案事业计划的确定，都要按一定程序进行。其主要工作步骤有以下四项：一是弄清问题，抓住关键；二是在预测的基础上确定目标，拟订方案；三是分析比较，进行抉择；四是方案的实施与检查等。

（二）档案管理的计划职能

计划，就是筹划和设计，是未来行动的方案。它是通过调查研究、预测和确定行动目标和决定实现这些目标的原则、方法、手段和步骤，从而形成完整的指导档案工作发展的计划方案。

计划在档案管理中有重要作用，表现为：它可以全面地贯彻党和国家的路线、方针和政策，使我国档案工作沿着社会主义方向发展；它有利于各级党委和政府对档案工作的计划指导和宏观控制，使档案工作更紧密地配合党的中心任务，搞好服务工作；它有利于档案部门进行宏观管理和微观管理，加强对档案管理的监督指导，增强管理人员的责任感。

档案工作计划管理的总的原则是全面体现国家的计划要求，在国家计划指导下，积极发挥自己的计划职能的作用。其具体原则有统筹原则、协调原则、重点原则、效益原则和发展原则。

计划管理的一般要求主要有以下四点：第一，要把档案工作的发展计划列入国民经济和社会发展计划；第二，要经常教育档案系统工作者认识计划工作的重要性，树立计划意识，增强按计划办事的自觉性；第三，建立健全法规制度，保证档案工作发展计划的实施；第四，及时总结经验，适时审慎地调整档案工作发展计划。

（三）档案管理的组织协调职能

组织协调由"组织"与"协调"两个概念组成。从档案管理来说，所谓组织，是指按一定目的、任务和形式，把档案管理的各种要素科学合理地组织起来，形成一个有机整体，充分发挥其作用；所谓协调，是指对档案管理的各种要素以及它与外部环境的各种关系加以统筹和调节，使之配合适当。组织与协调既有区别又有联系，两者相辅相成、相互促进。其目的是提高档案管理的整体效能，促进档案工作自身的均衡发展及其与国民经济和社会发展相协调。

组织协调对档案管理有重要作用，表现为：它是促使档案工作与国民经济和社会协调发展的重要前提；它是理顺档案管理的内部关系，促使各组成部分分工合作的重要手段；它是档案管理部门行使职能的重要体现。

组织协调主要采用以下方法：

第一，行政方法。组织协调的行政方法，是指档案工作管理部门运用国家的方针、政策及档案工作的法规、标准和计划等手段进行组织协调的一种方法。组织协调，重在协商，着眼于沟通，以取得认识和行动上的一致。

第二，经济方法。经济的方法，主要是指运用经济手段，按照客观经济规律的要求，讲究经济效益的管理方法。这就要求贯彻物质利益原则，从物质利益上处理好档案工作系统各方面及其与外界的关系，从而有效地调动多方面的积极性，以实现预期的目标。

第三，宣传方法。组织协调的一个重要方法和特点就是沟通，而信息沟通的主要方式就是宣传。通过宣传的手段来增强人们的社会档案意识，扩大档案工作的影响，并对档案工作的开展发挥舆论引导和宣传教育的作用。

档案工作是一项复杂多变的系统工程，要想进行有效的组织协调，还须采用马克思主义的辩证唯物主义思想方法和精确的数学方法等。

（四）档案管理的业务监督职能

业务监督是指档案管理部门依照法定的权限，对档案工作本身以及国家机关、社会组织、企事业单位和公民个人是否严格执行和遵守党和国家有关档案、档案工作的法规、方针和政策所实行的监察督促。它不同于社会上对档案工作一般意义上的监督，具有较强的专业性。

业务监督具有重要作用，表现为：它是维护档案完整与安全的重要保证；它是加强档案法治建设、改革档案管理方法和提高档案工作效率的重要途径；它对维护公民有关档案方面的合法权益起着重要的保障作用。

为了使档案业务指导达到科学、高效，必须遵守以下原则：经常性原则、民主性原则、客观性原则、有效性原则。

业务监督的主要方式和途径有国家行政机关的监督、国家司法机关的监督、国家权力机关的监督以及各种档案工作机构和档案人员的监督。监督的具体方法有审查、调查、检查、报告、申报、登记、督促、考核和发放合格证书等。

（五）档案管理的业务指导职能

业务指导是指由国家和档案法规授权的机关及其工作人员依照党的路线、方针、政策和国家关于档案工作的法规，对所辖范围内的国家机关、社会组织以及个人在档案事务方面所进行的指导。

业务指导有重要作用，表现为：业务指导机构及其工作人员通过运用档案工作规划、法规以及先进典型的示范等方法和手段，向所辖单位及时指出方向、提出要求，从而起到引导作用；业务指导机构及其工作人员通过宣传、动员、言传身教和集中培训等方式，对辖区和单位的广大干部职工进行思想政治教育和业务教育，从而发挥教育作用，业务指导机构是国家法定的，具有一定的权威性，只要档案业务指导人员依法办事、态度诚恳、方法得当，就能起到很好的指导作用。

业务指导的特点是法定性与示范性的统一、社会性与层次性统一、管理性与技术性统一。

二、档案管理的不同手段

档案的现代化管理是通过各种管理手段和方法实现的，因此我们要全面掌握并正确运用各种管理手段。

（一）行政手段

行政手段是指档案管理机构及其人员运用合法权力，通过强制性的行政命令直接对管理对象发生影响，按照行政管理系统分层次地部署、指挥、监督和检查，从而实现行政管理职能的一种方法。行政管理手段具有权威性、强制性、稳定性、时效性、垂直性等特点。

行政管理须具有严密的组织网络系统和严格的组织纪律，信息的传递应具有规范性和约束力，接受率要高。我国的档案工作实行统一领导、分级管理的原则，反对各自为政的分散管理方式。这既是我国政治体制所要求的，也是档案事业管理所必需的。这就为实行档案行政管理手段提供了组织保证。因此，必须把行政手段作为实现档案管理功能的主要手段。

（二）法律手段

法律手段就是人们常说的"法治"。在档案管理中运用法律手段，就是制定档案法规，建立和健全档案法规体系，坚决贯彻执行档案法规，并实行有效的监督检查。

档案是国家的历史文化财富，档案工作是国家的一项重要事业，必须依法治档，使档案工作有法可依。社会主义市场经济就是法治经济。因此，要使档案工作适应社会主义市场经济发展的需要，运用法律手段来管理档案就具有特别重要的意义。

第一，依法治档可以使档案部门和工作人员明确自己的职责、权利和义务，各司其职，保证档案工作有序地健康发展。

第二，依靠法律手段具有的概括性和稳定性，能使档案管理系统具有一定的稳定性。这样就有利于档案管理系统稳定、持续、正常地工作，提高工作效率。

第三，法律手段运用于档案管理，其最主要的作用是调节各种管理因素之间的关系。它可以根据应予调节对象的特点和所提出的任务的性质，规定在实现管理活动过程中的不同方法，并通过不断改变其约束力的程度和范围来调节各种管理对象。

（三）政策手段

政策手段就是通过制定档案工作方针政策来宏观控制、管理国家档案事务，使之实现其规定的任务和目标。

档案工作的方针政策，是根据党和国家不同时期的总任务，制定出实现一定时期档案工作任务的行为准则，是档案工作决策的依据。正确地制定和执行档案工作的方针政策，能够统一档案部门的思想和行动，使档案工作沿着正确的方向发展。

运用政策手段应注意：我国档案工作方针政策的制定，必须与国家制定的档案法律以及党和国家一定时期的路线、方针、政策相符合，而不能与之相抵触；必须从档案工作的实际情况出发，反映一定时期内档案工作领域中需要解决的主要矛盾，具有针对性，情况发生变化要相应地调整档案工作方针政策；要预测未来，高瞻远瞩，明确方向，提出奋斗目标。

事实证明，根据档案工作发展的进程和存在的问题，及时地提出档案工作方针政策，是对国家档案事务进行宏观管理的一种重要手段。

（四）经济手段

运用经济手段管理档案事务，是顺应时代发展趋势，充分调动档案工作各种积极因素，从而实现档案管理最佳效益的一种管理方法。经济手段的实质，是贯彻物质利益的原则，以物质利益为手段，调整和处理国家、集体、个人之间的关系。

在档案管理中运用经济手段，主要是在档案工作部门坚决贯彻按劳分配原则，科学地组织劳动，调动档案工作人员的积极性，提高工作效率。实行聘任制，建立岗位责任制、考核制度、评比制度和奖惩制度等，实行责、权、利相结合的制度，使经济手段发挥最佳效用。

档案工作是一项条件性和服务性工作，其生存与发展无不受到社会外部条件的制约。就其本质来说，虽不属于经济领域的活动，但它能够参与包括经济活动在内的一切社会活动，不但能够带来社会效益，而且也能够带来一定的经济效益，具有一定的经济功能。但是，档案事业是属于文化事业，其运行规律有自己的特点，因此不能简单地套用一般管理系统的经济手段。运用经济手段管理档案事务，是新形势下的新探索。要从档案工作的实际情况出发；把它作为其他管理手段的补充形式，逐步积累起一套成熟的经验，走出一条切实可行的档案工作管理之路。

（五）计划手段

档案管理的计划手段就是通过预测对国家档案工作的开展进行统筹规划和安排来实现档案工作的目标。它是指导人们未来行动的目标和准则，也是组织档案管理部门统一行动的指南。它可以较好地克服工作的盲目性，保证档案工作任务的顺利完成。

档案事业管理运用计划手段具有重要意义：首先，计划是一个目标，也是未来的行动方案。它是决策的具体化，可以避免发展的盲目性。所以，政策手段和计划手段是档案事业管理的孪生姊妹，先有政策，后有计划，政策是计划的灵魂；反之，没有计划，政策也难以贯彻下去。其次，计划是组织档案部门统一行动的指南。没有计划，就难以协调行动，各行其是必然带来工作上的混乱，影响工作效率的提高。最后，计划是档案事业管理部门从事管理活动的有力手段，如果没有计划，其正常工作是难以进行的。档案工作计划包括总体规划和专门性规划、长远规划和年度计划等。

（六）宣传教育手段

宣传教育手段就是通过宣传教育，充分发挥人的主观能动性，激发人们的工作热情，极大地提高工作效率。

档案宣传教育手段对行政、法律、经济、政策和计划等手段的实施有着积极的作用，因为这些手段都需要靠宣传教育才能使人们了解和认识其综合作用。实践证明，人们社会档案意识的强弱以及档案法规和方针政策执行得好坏，与档案宣传教育是否得力密切相关。因此，档案管理的其他手段必须结合运用宣传教育手段，才能获得较为理想的效果。

第三节　档案管理的理论依据

一、文件生命周期与文件连续体理论

（一）文件生命周期理论

所谓"文件生命周期"就是文件从其形成、使用到因丧失保存价值而被销毁，或作为档案永久保存并继续实现其社会价值的完整运动过程。这个生命周期除了文件的现行阶段，即现行文件的形成和处理阶段外，还应该包括文件保存在机关档案室（或文件中心、联合档案室、中间档案馆）和国家档案馆（或其他终极性档案馆）两个阶段。

文件生命周期理论就是研究文件运动全过程的演变规律、阶段划分、各阶段特点与联系以及相应管理行为的理论。

1. 文件生命周期理论研究的内容

文件生命周期理论的主要内容包括以下方面：

第一，研究文件的生命周期。文件从形成、运转、使用到销毁或作为档案永久（无限期）保存，是一个有机联系的、有规律可循的、完整的运动过程（生命周期）。

第二，研究文件生命周期划分标准。文件的全部运动过程可以区分为若干阶段，区分各阶段的主要依据或标准，通常是文件价值形态的差异及其转化程度，也可考虑其作用对象、目的与范围的差异，存在形式（含保管单位、整体结构、存放地点等）的差异等诸多因素。由于认识与把握上述依据或标准的侧重点有差异，出现了对文件运动阶段的多重划分。

第三，研究文件运动各个阶段的关系。文件运动各阶段既相互联系、相互依存，有许多共性；又相互区别、相对独立，有各自的特点与特殊运动规律。

第四，研究文件运动各个阶段的管理方法。对于具有不同特点的各阶段文件，管理和利用工作的方式、方法等必须有的放矢，有所区别。

2. 文件运动的不同阶段及其特点

文件运动的整个过程可以分为三大阶段：现行文件、半现行文件和非现行文件（档案保管）阶段。

（1）现行文件。现行文件最突出的特点是现行性，即现实作用最为突出，在现实活动中直接使用的频率最高，与其制发者、保管者和承办者的关系最为密切。此外，它们还具有不同程度的流动性（实际存放地点可变动）、可塑性（可更改或修改、加批语等）和封闭性（一部分文件只能在形成单位内部或收、发文单位之间或特定范围内运转和使用，不得向社会公开或向无关人员扩散，有的文件还包含有国家秘密或商业秘密），以及管理者与其制发者或承办者的同一性等。

（2）半现行文件。半现行文件的基本特点是类现行性、可激活性、中间性和一定程度的内向性。所谓类现行性，是说它们所具有的，仍然主要是与现行文件相类似的"对于原机构的原始价值"，即第一价值。其作用范围、作用性质与现行文件比较接近，而根本不同于馆藏档案。所谓可激活性，是说它们还没有转化为严格意义上的"历史记录"，而是处于待命备用的"休眠"状态，并随时可能经"激活"而苏醒，从而为现实的生产、经营、工作活动所使用。所谓中间性，亦称过渡性，是指半现行文件正处于一种亦此亦彼、承前启后的中间状态，正处于从高度活跃的现行阶段逐渐向相对稳定的永久保存阶段演变的过渡时期。所谓一定程度的内向性，是指较之现行文件的封闭性，半现行文件的保密要求通常已经降低，可扩散的信息比率已经提高，可扩散的范围已经展开；与此同时，相当一部分半现行文件仍然不能开放，其主要利用者和主要作用范围仍然是形成和保管这些文件的单位或个人。

（3）永久保存阶段。永久保存阶段的非现行文件即档案馆保存的档案，具有稳定性、历史性与文化性、社会性及开放性等特点。所谓稳定性，是说进入这个阶段的档案已不再具有过渡性，已经完全成熟，多数情况下已不再被淘汰销毁，所以各国普遍称之为"档案"，也有的称之为"档案文件"。所谓历史性与文化性，是说永久保存阶段的档案作为历史记录和文化财富的性质已经非常明显和突出。因此，我国规定国家档案馆是"集中管理档案的文化事业机构""科学研究和各方面工作利用档案史料的中心"。所谓社会性，是说它们发挥作用的范围已经远远超出原形成单位或个人，扩展到社会的各有关方面、各有关领域。所谓开放性，是说这个阶段的非密档案已无须继续保密和封闭，可以而且应该向社会开放了。所以我国《档案法》规定，除另有专门规定者外，"国家档案馆保管的档案，一般应当自形成之日起满三十年向社会开放"。

（二）文件连续体理论

文件生命周期理论的核心内容，是对文件的线性运动过程及其阶段、规律、特点和相应管理要求的概括和描述。但是，文件不仅存在线性运动，它的运动又是多维、反复和连续进行的，于是便有了应运而生的文件连续体理论。

1. 文件连续体理论的内容

文件连续体理论的重要内容是，构建了一个多维坐标体系来描述文件的运动过程。

文件运动过程的多维坐标体系包括四个坐标轴——文件保管形式轴、价值表现轴、业务活动轴和形成者轴。其中文件保管形式是核心轴，因为它的变化带动了其他坐标轴的相应变化。文件连续体理论通过描述文件保管形式轴上四个坐标的变化，引发形成者轴、业务活动轴和价值表现轴上特定坐标的相应变化，揭示出文件的四维运动过程。四维的文件保管形式依次是单份文件、案卷、全宗和全宗集合。每种保管形式对应的形成者、业务活动和价值形式分别是：单份文件对应具体的个人、具体的行为及其行为轨迹；案卷对应内部机构、包含若干行为的一项活动及其活动凭证；全宗对应独立单位、特定职能和机构（独立单位）记忆；全宗集合对应整个社会、社会意志和社会记忆。

因此，文件连续体理论更注重文件运动的连续性、非线性和时代性，注重行为者和文件，特别是行为者和生成文件的活动与环境之间的互动，更注意电子文件运动过程无明显分界标志的现象。

2. 文件连续体理论与生命周期理论二者的关系

在我国档案学界，对于文件连续体理论与文件生命周期理论两者的关系主要有两种观点。

（1）连续体理论是生命周期理论的补充与发展

有学者认为，文件连续体理论是文件生命周期理论在电子文件时代的补充和发展。较之文件生命周期理论，文件连续体理论的进步之处可以归结为四点：

第一，连续体理论选取的独特研究视角是文件保管形式与业务活动和业务环境的互动，考察的是文件从最小保管单位直到组成最大保管单位的运动过程和规律。

第二，连续体理论将文件置身于一个多元时空范围，运用立体的、多维的研究方法，全方位地考察文件运动过程及其规律，可以更准确地描述电子文件运动的复杂状态。

第三，连续体理论更多地突出文件运动的连续性和整体性，将文件视为一个无须明确分割的连续统一体，这准确地揭示了电子文件各阶段界限日趋模糊、联系却越发明显的运动特点，因而适用范围更广、生命力更强。

第四，连续体理论直面电子文件阶段界限日益模糊的现实，不再要求各阶段相关因素的机械对应，从而更好地顺应了电子文件时代的发展要求。

（2）"文件连续体"理论更具优势

另一种观点认为："文件连续体模式在管理电子文件方面具有生命周期模式不可比拟的优势。用连续体以目的为导向的系统方法管理文件从根本上改变了文件保管者的角色。文件保管者不再是被动等待，在文件形成后才管理文件，而是主动超前地同其他保管者一起共同确定机构活动需要保管哪些文件，然后纳入事务活动体系进行管理。该体系经设计具有保管文件的能力，文件一旦形成，体系就能够捕获其中具有凭证特性的文件并纳入保管体系保存。应该强调文件连续体模式作为电子文件最优化管理模式的重要性，其目的是增进人们对文件管理的关心，提高管理效率和满足用户需求。"相对于文件生命周期理论，文件连续体理论应该更符合文件管理理论高级阶段的表现特性。

二、社会记忆理论与档案管理研究

社会记忆理论发端于法国的年鉴学派，20 世纪 20 年代，法国著名社会学家莫里斯·哈布瓦赫开创性地提出"集体记忆"概念成为这一理论的开端。1989 年美国社会学家康纳顿在其著作《社会如何记忆》中用社会记忆代替集体记忆理论，成为集体记忆理论之后又一具有深刻学术影响的理论范式。

社会记忆理论在档案管理已有研究的视角主要是从社会记忆的本质出发来探讨社会记

忆理论与档案工作、档案记忆观、档案理论范式形成等方面的关联，但也存在着一些问题。首先，现代档案形成本身因为受到权力影响，其所记录的信息或许并非客观的历史真实，所以它在建构历史记忆时会出现"失真"或者"异化"的问题，该问题如何解决需要进一步思考。其次，社会记忆理论将促使档案具有动态性，改变以往的被束之高阁的命运，参与到集体记忆变迁和社会历史记录的过程，使档案融入社会之中，使档案具有"生命"。但是这种情况下如何落实到具体实践之中，在具体操作中如何保障档案的安全性也是个亟待解决的问题。

（一）社会记忆理论对档案管理研究的理论意义

1. 促进档案记忆理论的发展

档案作为社会记忆的载体和工具，在社会记忆理论的影响下，其传承社会记忆的功能受到关注，档案记忆理论就是在此背景下应运而生。由社会记忆理论衍生的档案记忆理论，从记忆、认同、社会结构等深层社会意义出发，将档案和档案工作置于更为广阔的社会场域，注重档案现象背后的社会文化结构解读，已逐步演化为档案学界的新兴理论范式。同时社会记忆理论将社会记忆的思维模式引入档案学之中：一是促进档案真正价值和社会作用的发挥；二是将档案学理论与社会科学联系起来，扩大了档案学理论研究的视野和方法，促进档案记忆理论的诞生，扩大档案学的研究视角。

2. 引发多元档案价值观的探讨

社会记忆理论认为，社会记忆是人的一种感知实践，是人们以信息的方式对在生产劳动实践和社会生活中所创造的精神和物质财富进行编码、储存和重新提取过程。从社会记忆视角审视档案价值使得档案价值发生转变，不再唯一信奉"证据的神圣性"的档案信条，认识到档案除了证据价值之外的记忆功能，档案成为建构社会记忆不可替代的要素。在社会记忆理论引入档案管理研究后，引发研究者以不同的研究视角来重新审视档案价值，档案价值的研究需要回归复杂的社会系统来全面研究。这种新的研究视角首先扩展了档案的价值域，在建档观念中，既要体现"国家"的理念，同时更要兼顾以民为本的本心，在档案体系的建立中，建立以全体人民群众为主的档案体系，档案的收集范围既包括国家政权性信息，也涵盖社会精英阶层和草根阶层的信息，使档案价值不仅体现在对历史政权的记载，还体现在人民群众在档案中找到回忆和怀念的载体。

社会记忆理论认为社会记忆受权力的影响，社会记忆是多元权力和多元价值观长期复杂博弈的结果。在现有社会语境下，国家权力在一定程度撒花姑娘让渡于公共权利，档案形式多元化、档案服务大众化、档案管理现代化的现实需求要求以保密和服务领导为中心的档案理论和价值观以及档案实践体系必须做出改变，档案多元价值观应运而生。

3. 创新档案价值鉴定理论

社会记忆的作用与反作用、社会记忆的选择与遗忘问题对档案鉴定工作构成了挑战，档案鉴定应该从档案作为"社会记忆"的重要载体这一重要属性出发，判别文件的"保存价值"。

首先，档案鉴定的指导思想是历史唯物主义，用唯物史观的方法论确立具有时代特点的"社会记忆"建构目标和指导思想，制定鉴定政策制度、综合标准、技术规范、范例汇编等，从而把档案记忆理论渗透到明确、具体的鉴定依据和规则之中，使其成为档案鉴别的尺度和文件选择的依据。

其次，鉴定规则能够维护社会公众的利益，留存和传递公民的社会记忆（表现为鉴定规则的覆盖范围和透明度）。

最后，档案鉴定工作的内容转变，"由国家模式转变为建立在公共政策利用决定论和宏观职能鉴定论的社会模式"保留更多反映社会方方面面的档案，如将房地产档案、山林权属档案、婚姻登记档案纳入档案收集范围之中，同时为了保证档案鉴定的结果是使档案既能全面反映社会记忆又能使社会公众共享档案信息资源，档案鉴定工作要在社会监督下运作。

（二）社会记忆理论对档案管理研究的实践意义

社会记忆理论被引入档案管理研究后，得到相关专家学者的肯定和重视，在影响档案学理论的同时，拓展了档案工作对象范畴，凸显了档案机构"记忆宫殿"优势，突破了档案工作者自身角色定位。

1. 拓展档案工作对象范畴

社会记忆理论引入档案领域之后，档案工作对象的范畴不断扩展，从政府文件、官方档案到私人档案、社群记录再到社会组织自治档案（Autonomous Archives），档案工作不再是政府组织、档案馆的分内之事，社会大众、特殊社群、各类行业组织均可参与到保存自身活动记录，管理自身档案的工作中。

第一，创建均衡化档案资源建设方案。档案资源作为社会的宝贵财富，是社会记忆与人类历史的重要组成部分，随着社会的发展，档案资源对于组织和个人了解历史、展望未来以及完善社会记忆体系等方面作用显著，所以用社会记忆和全覆盖、均衡化的理念引导档案资源建设，编制以社会记忆为主体的档案资源建设方案是社会记忆理论在档案资源建设中的重要启示之一。

第二，重视地方档案资源的收集与保存。大部分的地方特色档案资源都被保存在地方档案馆、博物馆或图书馆等场所，能被国家公共档案资源体系系统收藏的是极少数，但是正是这些地方特色档案资源蕴藏着"大量正史所未言的、细致入微、具体详尽、生动逼真的历史信息"在档案工作实践中，群体自发收集与本群体情感表达及记忆续写相关的记录以留存自身群体历史及身份认同。

2. 凸显档案馆"记忆宫殿"优势

在社会记忆理论引入档案领域之后，档案馆作为保管档案文献的重要场合，在社会记忆构建过程中扮演着重要角色，能够更加凸显其"记忆宫殿"的职能。一方面档案馆利用丰富馆藏，进行档案资源开发利用。另一方面，档案馆在档案收集中突破以往的为统治阶层服务理念，为了重构社会记忆，将处于社会边缘群体但是能凸显社会记忆的，如农民工档案，收集到档案馆。

3. 突破档案工作者自身角色定位

传统的档案工作者的主要职责是保管好档案，常常被当作"看门人"。随着我国地方档案机构实行"局馆分立"模式，档案馆作为文化事业机构的职能越发凸显，其也相应承担着留存人民群众社会记忆的功能。档案工作者在档案构建社会记忆的过程中作为能动的主体，其自身角色定位发生变化。这种职业赋予的"特权"要求档案工作者将"保存整个社会方方面面的记忆"作为历史使命与社会职责，勇敢承担起"社会记忆积极建构者"的角色。

第四节 数字化档案管理创新路径

一、档案数字化创新管理的意义体现

在社会各个行业的发展过程中，要意识到数字化发展的重要作用，才能够促进行业的可持续发展，当前数字化发展已经成为推动企业发展的重要力量，要想使档案管理工作迈上一个新台阶，只有在档案管理的各项环节中，积极引入先进的数字化管理模式，转变传统的管理理念，充分发挥数字化技术的价值与作用，创新当前的档案管理路径，才能从整体上提高档案管理的效率。档案是历史的真实写照，是人类发展不能割断的历史，档案提供的史料，是当今进行重大决策的重要依据。档案资料由于收集、整理、保管的特殊性，决定其对历史反映的真实程度要优越于其他资料，为人们认识历史、认识客观世界提供了很好的教材，所以充分利用档案资料，就能为我国的经济建设的决策和制定政策提供强有力的依据。档案资料包含着人类智慧的结晶，蕴藏着前人宝贵的知识和经验，是广大专业技术人员、管理人员以及各行各业人员学习的宝库，管理人员只有从中吸收营养，才能够更好地为祖国的经济建设服务。

（一）有助于形成新型管理模式

在档案管理的创新过程中，必须对数字化技术进行更加科学合理的利用，才能够为档案管理创造更多的发展机会，要想使档案管理具备更强的先进性与科学性，具体可以表现为以下三个方面：一是对档案管理进行数字化的处理，是当今时代的一种新型模式，能够使当前的管理工作由复杂变得简单，还能够为档案的各项环节提供更加先进的技术支持，提升档案管理的创新意识与创新能力，为实现智能化管理提供必要的条件；二是数字化管理能够解决当前管理工作当中的一些难题，减轻管理人员的工作压力，提高工作效率；三是由于数字化管理是时代发展的重要体现，必须使档案管理结合当前发展的实际情况，适应时代的发展潮流，才能够促进数字化管理的高效运行。

（二）有助于提高管理的效率

数字化管理作为一种创新型的工作方式，能够充分利用数字化技术的特点，提高各项工作环节的工作效率，例如，在管理档案的过程中，数字化的作业方式将各项档案都能够进行编码处理，在这种情况下，就能够快速地对档案进行调取，从而节省了工作人员的时间，最大限度地提高工作人员的业务效率。除此之外，只有将数字化技术与当前的管理工作内容实际结合起来，才能够将传统的人工管理转变为数字化管理，在这种形势下，能够大大提高管理工作的实际效率，从而丰富当前工作人员的工作内容，更好地发挥职能优势，以更加积极的工作状态投入工作当中。

（三）有助节约资源

只有结合当前档案管理的实际情况，对目前的有形资源进行不断整合，才能够实现数字化管理。在具体的操作过程中，为了节约档案管理中的有形资源，应该将有形资源逐步向无形资源转化，对当前的档案资源进行数字化管理。只有在档案管理过程中，减轻工作人员的压力，降低纸质资料的使用量，对管理人员的业务水平进行有效提升，才能够充分发挥无形资源的优势，提升档案管理数据信息的安全性与合理性。由于在推进数字化管理的过程中，能够对当前的管理工作实现便捷的管控，还可以有效地节约人力、物力，避免资源浪费，有利于降低档案管理维护的成本问题。除此之外，档案管理还具备循环查阅、方便管理、智能优化等各项特点，只有在管理工作中充分发挥数字化的优势，才能够节约各项管理资源。

二、档案管理过程中存在的问题

（一）数字化过程缺乏全面管理

在档案管理的过程中，由于缺乏更加完善的管理制度，也没有通过更加科学合理的措施进行改善，在这种情况下，就会存在着一些亟须解决的问题，主要有以下三个方面：

第一，由于目前已经提升了对数字化管理的重视程度，但依旧流于表面，没有将各项管理措施进行有效落实，如果不能够充分发挥档案管理创新理论的重要作用，也没有结合实际工作的具体情况，进行深入的分析与调研，在这种情况下，很难使数字化档案管理制度有效落实。

第二，在对相关的数字化管理设备进行采购的基础上，忽略了人才的重要作用，如果大量采购相关的设备，却没有及时对相关的工作人员进行培训，在这种情况下，就会使工作人员难以掌握数字化设备的各项操作流程，从而不能够对数字化设备进行有效运用。

第三，没有提升数字化的安全性，数字化管理与传统的纸质管理具有一定的差异，必须依靠信息技术才能够进行更好的保存，一旦受到病毒攻击，很容易造成系统出现各类问题。

（二）数字化管理相对独立

由于当前档案管理的数字化程度相对较低，在这种情况下，就会使数字化管理处于相对孤立的状态，在档案管理部门中，不能够实现信息的共享，从而不能够使单位内部的数字化标准进行统一，导致部门之间出现信息壁垒，阻碍数字化管理的发展进程。一方面，由于目前的数字化管理依旧处于初级阶段，针对各项标准的制定不够完善，难以形成统一的形式标准。另一方面，在建设数字化管理的过程中，必须投入大量的资金，以便采购相关的数字化设施。除此之外，也要积极引进复合型人才，以便对档案进行更加有效的管理，但由于各级管理单位可能会受到发展水平的限制，在这种情况下，就会使各地的档案管理水平出现一定的差距。

（三）缺乏较高的利用效率

由于在当前的档案管理工作过程中，没有对数字化技术进行高效利用，为了对数字化管理进行普及，必须让工作人员具备更强的专业技术与综合能力，熟悉数字化管理的各项操作流程。从目前形势来看，由于数字化管理还处于探索阶段，缺乏完善的制度来规范当前的操作流程，这就难以提高数字化管理的效率。除此之外，由于部分管理人员没有掌握数字化设备的使用方式，自身缺乏相关的专业水平，很难推进档案管理工作有序进行。如果档案管理人员依旧沿用传统的管理方式，没有从自身做起，树立积极探索的创新意识，则无法充分发挥数字化管理的重要作用。

（四）档案管理人员的综合素质有待提高

档案学是一门综合性学科，要求档案管理人员必须具备一定的专业知识和业务素质。而现阶段的基层档案管理人员在文化程度、专业素质、思想观念等方面参差不齐，无论是业务熟练程度还是工作方法和态度上都有待提高。很多基层单位没有专职档案管理人员，大多是兼职的，因此，对档案管理往往心有余而力不足，基本上没有足够的时间去管理或整理大量的档案资料，更缺乏信息开发应用能力和敏锐的信息意识，这就极大地制约了档案管理工作的创新与发展。

（五）档案意识薄弱

由于基层单位领导主要精力都放在经济上，对与档案相关的法律法规和业务知识学习甚少，个别领导将档案工作简单地曲解为把文件材料收集、装订一下，档案意识薄弱。有的领导干部甚至认为档案工作只是档案部门的事，自己不想管也不愿管。除此之外，有些部门对档案工作重视不够，没有把档案工作列入年度工作计划，不研究、不安排，档案问题得不到解决，场所、经费、人员更是没有保障，档案工作自然就做不好。

三、数字化档案管理的改善方式

（一）大力提升档案管理的深度

在对档案管理进行创新的过程中，必须积极引进相关的管理技术与管理模式，从而对当前材料的存储、分析以及处理等各项工作提供有力的保障，提高各项工作环节的工作效率，为管理人员提供更加便捷的服务。可以通过二维码管理的形式，将二维码设置到档案分类当中，当工作人员需要对资料进行提取时，扫描二维码即可完成，给管理带来极大的便利。与此同时，也可以通过设置相关密码的形式，以提升档案管理的安全性与规范性。除此之外，还可以充分应用 RFID 技术，以便工作人员对档案进行更好的管理，将档案的各类信息有效地与 RFID 进行融合，从而提高检索的效率，全面加强对于数字化管理的管控。

（二）实现数字化档案管理系统的有效衔接

为了更好地应用数字化管理系统开展相关的工作，必须从以下三点做起：

第一，要规范当前档案管理的形式，在运用传统的管理模式过程中，也要加大对于数字保存形式的应用，通过利用各类图片以及视频等形式来为档案管理提供更加有利的条件。

第二，要结合当前的档案管理系统，提高对于各类文件的利用效率，通过检索平台，有效地降低文档查询的时间，并做好档案管理的各项工作，同时在管理系统中增加相关的功能，满足当前管理的发展要求，适应当前时代的变化。

第三，也要结合目前管理的实际情况，对于各类有效信息进行共享，从而为相关人员提供更加便捷的服务，最大限度地发挥档案管理的重要作用。

（三）依据档案管理的实际情况进行创新

随着信息技术的普及，大数据也广泛被应用到各个行业的管理过程当中，在档案管理的数字化建设过程中，加强对大数据的应用，不仅能够有效地提升当前的管理质量，还能够保障档案资料的及时存储，提升档案管理的安全性与规范性。一方面，应该加大对于档案管理的资金投入，从而为运用大数据技术提供良好的条件，与此同时，也应该不断完善当前的信息化设备。另一方面，提升对于人才的重视程度，定期对管理人员开展相关的培训工作，以提高管理人员的专业水平与综合素质。对于管理人员来说，应该从自身做起，树立终身学习的意识，通过各种有效的学习渠道提升自身的技术水平。

档案工作要求细致严谨，工作步骤多、环节多、程序多、耗时多，致使完成任务的时间弹性比较大，档案管理人员必须具备较强的责任心，一丝不苟、一步步地做好档案工作，保持归档案卷的齐全完整和质量，确保其作为历史证据的可靠性。除此之外，档案管理人员还要具备健康的心理素质，适时调整心理状态，有较强的自制力和自控力。创新是一个民族进步的灵魂，是一个国家兴旺发达的不竭动力，变革时代需要创新社会管理模式，对于档案工作也要创新，作为一个部门的领导者，首先对工作要有创新意识，并有强烈的创新欲望，这样才能有新的创新发展。由于档案工作属于一成不变的，单调而枯燥，这便会使得大多数档案工作人员在工作中，缺乏创新理念及创新欲望，如果依旧墨守成规，按传统办事，对于日常档案工作，也只是满足于每年立卷归档多少案卷，提供利用服务多少卷人次，而对于市场需要哪方面的档案材料，最前沿学科发展情况如何，档案工作是否适应当前形势和社会发展需要等，却一无所知或知之甚少，更谈不上档案工作如何主动、超前地服务于市场，服务于社会。

（四）做好群众服务工作

现今档案工作要注重服务群众，服务群众是档案工作的最终目的，只有提升服务群众的质量与水平，才能汲取档案工作群众思想之精华，使档案管理获得源源不竭的动力，让沉闷枯燥的档案管理工作变得趣味横生。由此可见，只有切实做好服务群众的工作，明确服务工作不仅仅是对外开放以及简单的查询服务，才能够充分发挥群众优势，让各界群众成为档案管理的主角。

（五）完善档案的收集工作

第一，完善档案材料收集的长效机制，并把普通收集、定向收集、长期性收集与突击性收集结合起来，完善科学、合理、有效的档案收集机制，发挥档案工作者的主动性，克服其工作的盲目性、随意性和应付性，增强档案资料的真实性、收集过程的规范性。

第二，疏通和拓展档案材料的来源渠道。在法律和道德允许的范围内，拓展干部人事档案资料的来源渠道，力求材料来源的真实性、准确性、广泛性和反映问题的全面性。

第三，完善档案归档制度，提高工作效率。充分利用现代化信息技术手段，及时处理不符合归档要求的材料，利用现代通信工具和计算机网络技术，及时督促、监管档案材料的办理进程，规范档案资料归档，创新工作机制。

第五章 不同类型档案管理及数字化实践

第一节 文书档案管理及数字化实践

一、文书档案概述

文书档案是指机关、团体、企事业单位在行政管理和社会事务活动中产生的，由通用文件转化而来的那一部分档案的习惯称谓。文书档案泛指科技档案和其他专门档案之外的一切档案，因而有时也称为"普通档案""一般档案"。在一个机关单位内部，无论是文书档案，还是科技档案和各种专门档案，都是本机关单位工作活动的历史记录。

从档案产生的领域来看，文书档案是机关单位在行政管理和社会事务活动领域中产生的，而科技档案是机关单位在科技生产活动领域中产生的，专门档案则是机关单位在专门业务活动领域中产生的。这是机关单位区分文书档案、科技档案、专门档案的基本方法。

从档案反映的内容来看，文书档案的内容主要反映机关单位的各种行政管理、事务管理活动，具有较强的管理性；而科技档案的内容主要反映科技生产活动，具有较强的专业性；专门档案的内容主要反映各种专门业务活动，具有较强的业务性。但是机关单位在区分文书档案、科技档案、专门档案时，不能仅仅从内容上加以区分，而主要应从产生领域加以区分。如科技管理方面的文件、财务管理方面的文件等就应归入文书档案而不能归入科技档案、会计档案。

从档案形成的规律来看，文书档案往往以机关单位或部门自身作为活动主体，围绕该机关单位或部门形成一个密不可分的档案有机整体；科技档案往往以特定对象作为活动主体，围绕特定对象形成一套完整的档案；而专门档案往往以某一项连续的专门业务作为活动主体，围绕该项专门业务形成一个档案整体。

二、文书档案管理的业务内容

（一）文书档案的收集

文书档案的收集工作可以分为两大部分：第一，对于单位的档案室来说，主要是按期接收归档的文件和进行必要的零散文件的收集；第二，对于各级各类档案馆来说，主要是接收档案室移交的档案、接收撤销机关档案和征集历史档案。收集工作是档案部门取得档案的手段，也是它们开展其他业务活动的前提。

文书档案收集工作不是一项简单的事务性工作，而是一项政策性、业务性很强的工作。这是因为：一方面，文书档案收集工作具有明显的选择性。文件转化为档案是有条件的，在文书档案收集工作中必须严格把握这些条件，在归档和接收过程中认真筛选。文书档案选择是按照档案室（馆）藏范围的设计合理并全面进行的。另一方面，文书档案收集工作受档案形成者档案意识水平、价值观以及档案室（馆）保管条件等多种因素的制约，需要综合研究、统筹规划，提高文书档案收集工作的质量。

（二）文书档案的整理

文书档案整理工作包括区分全宗、全宗内档案的分类、立卷、案卷排列、编制案卷目录等业务环节。

文书档案整理工作是分阶段进行的。其中，全宗内档案的分类、立卷、案卷排列和编制案卷目录等业务环节，一般由文书部门或文书人员承担；归档案卷的统一编号和排列由档案室承担；全宗的划分和排列多由档案馆承担。当档案室（馆）接收到整理质量不佳或基本未经整理的零散档案时，需要对档案进行局部或全过程的整理。

1. 系统排列和编制案卷目录

系统排列和编制案卷目录是指档案室对接收的已经立卷归档的案卷，按照本单位档案的分类和排列规则，进行统一的分类、排列和编号，使新接收的案卷同已入库保存的档案构成一个整体。

2. 局部调整

局部调整是指对已经接收进档案部门的部分质量不合格的案卷所做的局部改动和调整工作。

3. 全过程整理

全过程整理是指档案部门对于接收到的零散文件所进行的从区分全宗到编制案卷目录的全部整理工作。

（三）文书档案的鉴定

1. 文书档案鉴定工作的内容

文书档案鉴定工作的内容主要包括以下四方面：①制定档案价值鉴定的有关标准，包括单行规定和档案保管期限表等；②具体判定档案的价值，确定其保管期限；③拣出已无保存价值和保管期满的档案，按规定进行销毁或做相应的处理；④围绕上述工作而开展的一系列鉴定组织工作。

2. 档案保管期限表

（1）档案保管期限表的作用

文书档案保管期限表是以表册形式列举档案的来源、内容和形式，并指明其保管期限的指导性文件。

文书档案保管期限表能够保证鉴定工作的质量和提高鉴定工作的效率。有了保管期限表，就有了一个明确的标准，文书档案鉴定工作人员可以根据档案保管期限表来统一进行档案鉴定工作，可以避免个人认识上的局限性和片面性，以致造成判定档案价值过宽或过严的倾向，确保准确地判定档案价值，提高鉴定工作的质量。同时，由于标准明确，认识一致，有利于推动鉴定工作的顺利开展，提高鉴定工作的效率。

（2）档案保管期限的种类

档案保管期限表结构通常由顺序号、条款、保管期限、附注以及总的说明等部分组成，其中条款和保管期限是最基本的项目。条款较多的保管期限表，还须把条款加以分类。条款用以列举档案的来源、内容和形式，保管期限则指明不同条款的保管期限。

我国现行的档案保管期限规定为永久、长期和短期三种。归档文材料保管期限的计算一般从案卷所属年度的下一年1月1日算起，科技文件材料应从归档后（如一个项目分批归档，则从最后一批归档后）的下一年1月1日算起。文书文件材料应从案卷所属年度，科技文件材料应从归档以后（如一个项目分批归档，则从最后一批归档后）的下一年1月1日算起。

（四）文书档案的保管

文书档案保管工作的内容主要包括以下三个方面：①档案的库房管理，即库房内档案科学管理的日常工作；②档案流动过程中的保护，即档案在各个管理环节中一般的安全防护；③保护档案的专门措施，即为延长档案的寿命而采取的诸如纸张去酸、字迹恢复、修裱等各种专门的技术处理。

三、数字化时代下的文书档案管理

（一）数字化时代文书档案管理的主要特点

第一，信息化。数字化时代文书档案管理，依赖于高速发展的计算机信息化技术，将纸质档案转化为数字化档案信息，并接收通过 OA 办公系统形成的各类电子文件。实现数字化时代文书档案规范化管理离不开档案信息化建设，借助数字化技术手段，对文书档案进行规范管理，这是当前社会对文书档案管理的要求，也是文书档案管理的发展趋势。当前大部分的档案信息展示都是通过数字化档案信息来为大家提供最生动、立体的档案信息，使查阅人更容易理解、接受档案内容，从而更好地实现档案工作的意义。

第二，共享性。传统的文书档案查阅，依赖于文书档案原始材料本身开展相关工作，由于原始档案材料的唯一性，无法同时提供多人同时查阅，进而限制了档案价值的体现。完成了文书档案信息化数字化建设，便为本单位馆藏文书档案的查阅共享提供了平台。数字化时代文书档案的规范管理，最显著的特点就是其共享性。由于数字化档案信息存档于计算机信息技术平台，以此为信息资源的共享平台，需要查阅档案信息时，无须再翻阅原始的纸质档案材料，降低人为操作带来的失误对档案材料造成损害。直接从技术共享平台中调取数字化档案信息，且可以满足多人对同一档案信息的同时在线调阅，充分发挥档案自身的价值。

第三，便捷性。以计算机信息化技术为手段进行文书档案规范化管理，在很大程度上提高了档案管理工作的效率，在某种程度上改变了档案管理的方式、手段。数字化时代文书档案的规范管理，减少了传统的档案管理模式中档案管理人员在日常工作中的烦琐程序。以往在开展档案查询工作的时候必须在馆藏库房来回奔波，借助纸质档案材料进行查询，花费时间长，工作效率低。对于一些重要文件，翻阅频率高，接触人次多，还容易造成原始档案材料的损坏、丢失等。通过计算机信息技术平台的应用，以数字化形式对档案信息系进行存贮，输入需要查找信息的关键词，即可快捷找到相应的档案资料，并可直观、完整地在线查阅电子档案信息本身。在一定程度上数字化文书档案规范管理可以智能分析相关信息，摈弃不必要、多余的信息，提高工作效率，使档案管理工作更加方便、快捷。

第四，复杂性。数字化时代文书档案的规范管理，除了要完成传统的纸质档案资料整理，还要对电子文件、OA系统流转文件、音像视频照片等相关信息资源进行收集，甚至有的文件需要线上线下同时进行整理。因此，为了保障档案信息资源的完整性、全面性，档案的收集范围在逐渐扩大，收集渠道变得多样化，收集内容也不再限制于纸质文件资料，档案前期的整理工作变得错综复杂，需要档案管理人员细心梳理工作中的重点环节，把握关键信息的收集，确保收集的档案信息真实、有效。

（二）数字化时代文书档案规范管理的重要性

1. 满足档案工作高质量发展的需要

计算机信息技术的飞速发展，计算机信息化现代化办公要求在日常工作中的推广，为档案信息化规范管理提供了必要的技术支持和保障。利用档案信息化规范管理开展档案工作，不仅充分发挥了计算机网络信息技术的作用，也给档案管理人员日常的档案管理工作带来了便利，满足了档案工作高质量发展的需求。国家对档案工作的规划要求不断提高，数字化时代档案规范管理也是当下档案管理工作的必然发展趋势。

2. 为本单位的发展提供有力的保障

本单位档案管理工作的本质其实还是为本单位的发展提供坚实的信息基础支撑，如果档案管理工作不扎实，就无法参与本单位的发展。因此，做好档案管理工作，不仅仅是为了满足档案管理工作本身的需要，而要从单位的发展大局需要出发，认真做好档案管理工作的每一个环节，注重档案工作的每一个细节。这样，才能为管理者在调研、做出重大决策等工作中提供翔实的信息数据。

3. 更好地保护珍贵的原始档案材料

传统的档案管理工作，利用最多的还是原始的纸质文件资料，这是档案工作的基础。对于一些重要的、珍贵的，特别是一些孤版的纸质档案，经历时间的洗礼，再经历人为的多次翻阅，就容易出现原始资料的损毁、丢失等情况。如不采取及时的补救措施，就只能看着珍贵的文献资料逐渐消失。在数字化时代，将纸质文件通过一定手段转化为数字档案信息，不但能形象、本真地展现出原始纸质档案的风采，同时对珍贵的原始纸质档案也能做到安全保管和全面保护，为国家、社会留下宝贵的历史印记，这是档案工作的根本目的之一。

（三）数字化时代文书档案规范化管理的困境

第一，档案管理制度不完善。档案管理制度落后、不完善，是很多档案管理工作存在的通病。早前根据工作需要制定了一系列的工作管理制度和规范，随着时代的发展和管理技术的进步，早已不适应当前档案管理的需求，特别是数字化时代文书档案管理标准跟传统的文书档案管理要求有了明显的不同。国家对档案管理工作的规划、政策和要求，也在不断地变化和改进。有的单位档案管理制度依然停留在之前的状态，管理制度修订不及时，与国家的管理标准不接轨，缺乏简明有效的数字化时代文书档案规范管理制度。

第二，档案管理队伍建设不足。档案管理人员综合素质能力无法满足档案数字化管理的需求，很多档案管理人员专业水平不够，缺乏创新意识，没有足够的专业思维。档案管理人员一直都是档案管理工作中的薄弱环节，也是很多单位的通病。尤其是在新时代的数字化档案建设中，既要精通档案的业务知识，还要了解计算机的操作使用；既要能处理档案业务工作，还要懂现代化管理技术。但是受当下档案工作发展的局限，很多单位在这方面的人才培养比较缺乏，从而导致目前队伍整体素质偏低。很多档案管理人员学识不够，年龄老化，专业知识陈旧，缺乏信息化建设所需的专业理论技术，甚至有的档案管理人员连基本的职业道德素质都不具备。工作被动，思想僵化，拒绝接受新鲜事物，拒绝接受改变，在一定程度上阻碍了单位档案管理工作的长期稳定发展，给数字化文书档案规范管理建设带来了不小的阻力。

第三，管理手段、技术落后。现在仍有很多单位的领导，甚至档案管理人员对档案工作不重视，档案意识不足，缺乏创新思维，当前档案工作依然停留在传统的档案管理理念上，还有少数单位的档案信息化管理还处在简单的人工计算机登记录入的第一阶段。

第四，档案收集内容不全面。电子文件的来源渠道复杂，增加了档案信息收集的难度，单位接收电子信息的部门多，涉及面广，档案管理人员在收集处理信息的时候，因为信息来源的不透明、不对称，往往只是被动处理。信息资源收集不全面、不完整，就会影响电子文件的真实性和有效性，使档案工作变成徒劳，浪费人力、物力、财力。随着单位的不断发展，需要收集的档案数量日益增多，单位所有的档案信息收集完全依靠单一渠道的档案管理人员也是不现实的。

（四）数字化时代文书档案的规范管理对策

1. 进一步完善档案管理制度

完善的管理制度才能更好地指引人们正确的行为导向。档案管理制度是对档案工作的标准和要求提出具体的数据参数标准。实行目标管理责任制，健全管理激励机制，更好地调动档案管理人员的工作积极性和能动性。完善档案管理制度能够有效促进档案工作良性运转，同时也能让档案管理人员在档案管理实际工作中能有实际可操作的空间。制定的标准要求过高，档案管理人员不容易实现目标要求，会挫败他们的工作积极性和能动性，那么管理制度就是空中楼阁，无人可及；要求过低，则对档案管理人员起不到监督和管理作用，则管理制度就成了一纸空文，没有任何意义。

良好的档案管理制度，档案管理人员照章办事，有据可依、有章可循。从档案收集、整理到档案归档，再到档案信息实行标准化和规范化管理，都需要制定一系列统一的符合当下实际的档案管理制度。档案管理制度的完善也不是一蹴而就的，需要档案管理部门根据档案实际工作情况不断调整和改进，要从文书档案管理、电子文件管理、数字化信息的传输存档、线上线下档案的配套管理、信息化系统的运行与维护等方面着手，全方位建立一套适应数字化时代文书档案信息化管理的规章制度，进而不断促进档案管理工作严谨、高效发展。

2. 提高档案管理队伍的专业性、综合性

档案管理人员是实施档案管理工作的主体，因此，建设一支专业水准高、综合能力强的档案管理队伍是切实履行好"为党管档、为国守史、为民服务"的必要保证。首先，要

注重对档案管理人员的思想政治素质的培养。档案工作的本质和任务决定了档案管理人员必须坚持党性原则，树立高度的责任心和服务意识，做好本职工作。其次，不断提升档案管理人员的能力素质。数字化时代，档案管理人员除了要具备档案专业知识，同时还要具备基础的计算机信息化技术。最后，要不断更新档案管理人员的知识储备。

3. 提升档案管理技术、更新管理手段

按照国家档案局的"十四五"规划，档案管理当下应该进行第三阶段的技术革新。且随着信息技术的不断进步和发展，档案信息技术和管理手段也要随着档案管理的需求不断提升和改进，以便更好地适应社会的发展，满足档案工作需要。同时，文书档案管理人员要突破陈旧的管理思维理念，勇于探索，敢于创新，善于在工作中发现问题、解决问题，创新工作思路，将"死"档案变成"活"信息，转变"坐、等、要"等旧的档案利用观念，变被动服务为主动服务。

4. 关注原始信息资料的来源

为了更好、更完善地收集档案信息，建议单位可采用部门兼职档案员制度，并建立相应的工作考核制度，责任到人，督促各部门兼职档案员认真履行职责，尽可能全面地收集完整的档案信息资料。经常性地开展档案业务培训，提高兼职档案员的专业素质和职业道德修养。通过多渠道、多触面，接收更多的、更全面的原始档案信息，扩大档案收集范围，提升档案信息收集质量。

同时，档案管理部门在接收部门移交的档案材料时，要认真检查档案材料的真实性和有效性，对于档案材料信息不完整、有遗漏的，须及时要求部门兼职档案员进行整改、完善。另外，还要重点关注 OA 办公系统上电子文件的流转，这是电子文件的主要来源渠道，并做好线上线下、电子文件与纸质文件的配套存档。

第二节　会计档案管理及数字化实践

一、会计档案概述

会计档案是指会计凭证、会计账簿和财务报告等会计核算专业材料，是记录和反映单位经济业务的重要史料和证据，是在会计核算过程中通过设立账户、复式记账、填制和审核凭证、登记账簿及编制会计报表等一系列专门方法，进行连续、系统、完整的记录、计算、反映和监督而形成的有别于文书档案、科技档案的专门档案之一，是一个单位（国家机关、社会团体、企业、事业单位、按规定应当建账的个体工商户和其他组织）应必备的档案种类。

（一）会计档案的来源及成分

1. 会计档案的来源

会计档案是指会计凭证、会计账簿和财务报告等会计核算专业材料，是记录和反映单位经济业务的重要史料和证据。会计档案主要是由各类单位的财务会计部门或财务会计人员在会计核算的工作中形成的。会计核算就是对会计对象进行连续、系统、完整的记录和计算。整个会计核算方法是一个完整的体系，它以原始凭证为依据，以会计科目为分类标志，以记账凭证和账簿为工具，按照一定的程序完成整理、计算和登记工作。原始凭证、记账凭证、各种账簿和各种会计报表等在处理完毕后就转化为会计档案。

2. 会计档案的成分

会计档案的成分主要是指会计凭证、会计账簿和会计报表。除此之外，其他的财务会计管理文件一般不应属于会计档案的范围。例如，财会部门的预算计划、制度、规定等不属于会计档案的范围，应随同财会部门的其他档案定期按时归档。

（1）会计凭证。是记录经济业务、明确经济责任的书面证明，是登记账簿的重要依据。各类单位处理任何一项经济业务，都要办理凭证手续。会计凭证分为原始凭证与记账凭证两种。记账凭证是会计部门根据原始凭证编制的，是登记账簿的依据。记账凭证又分为收款凭证、付款凭证和转账凭证。

（2）会计账簿。是以会计凭证为依据，全面、连续、科学地记录和反映各项经济业务的账册。会计凭证数量很多，又很分散；每张会计凭证只能各自反映一笔经济业务，说明个别经济业务的内容，不能全面、系统地反映一个单位同类和全部经济业务的完成情况。因此，有必要对会计凭证所提供的大量而分散的具体经济核算资料加以归类整理，登记进入账簿。账簿是保存记录的工具，有了账簿才能把单位每一天发生的交易事项分类记载，并据此制定报表。会计账簿分为总账、日记账和各种明细账。

（3）会计报表。是用统一的货币计量单位，总括地反映各类单位在一定时期内的经济活动和财务收支情况的报告文件。会计报表是根据账簿记录加以归类、整理和汇总而编制出来的一套完整的指标体系；它是会计工作的最后成果，表达了各种业务活动的实际情况。会计报表分为日报、旬报、月报、季报和年报。

会计凭证、会计账簿和会计报表既在作用上有区别，又是一个密切联系的会计核算体系。会计凭证是经济活动、资金运转的合法证明；会计账簿是会计凭证的系统分类核算记录；会计报表是会计账簿记录的更概括、更全面、更系统的定期的综合指标反映。会计报表中的年度决算，则是年度国家预算、单位预算和各项财务收支计划执行结果的总结。

（二）会计档案的特点

与其他类型的档案相比较，会计档案具有如下特点：

第一，产生与使用的普遍性。从形成会计档案的部门和单位来看，凡是具备独立核算资格的单位，都会产生会计档案。全国具有独立核算资格的单位有几百万个，会计从业人员也有几百万人，这些单位每天的运转都离不开资金流动与经济往来，因此，每天都要发生大量的会计事项，随之必然产生数量巨大的会计档案。

第二，形成过程的连续性。从会计档案的形成过程看，会计凭证最先产生，然后依据会计凭证填写会计账簿，最后根据会计账簿编制会计报表。可见，伴随着会计工作的进展，三种形式、内容的会计档案依次形成，具有环环相扣的连续性。

第三，形成程序的严密性。会计工作有严密的法规和制度作为规范和保障，因此，会计档案的形成是严格依照有关的规定和制度进行的。从会计凭证的项目书写、审核、签字，会计账簿的设置、填写、核算，到会计报表的完成，不仅程序密切相连，而且都必须执行国家规定的标准、方法和手续，以监督和保障经济活动的合法性以及会计档案内容的真实性。

第四，基本成分的稳定性。会计系统有很多门类，如工业会计、农业会计、商业会计、银行会计、行政会计等，因此，会计档案涉及的内容和对象种类繁多。尽管如此，会计档案的基本成分也只有三种类型，即会计凭证、会计账簿和会计报表。这种成分的稳定性是会计档案区别于其他类型档案的重要标志之一。

（三）会计档案的作用

会计档案是在会计工作中形成的，会计工作又是由于管理经济的需要而产生的。因此，会计档案在经济活动中具有重要作用。其主要表现在以下四个方面：

第一，提供数据、资料。会计档案可以为制订经济计划、进行经济可行性研究、做出经济决策、领导经济工作提供各种有用的信息，为研究、指导国家经济建设提供可靠的数据和可比性资料，某些会计档案还对国家制定经济政策有重要的参考作用。

第二，提供决策依据。会计档案以大量的原始数据，为各企业事业单位的财务工作和生产经营提供决策依据。

第三，监督作用。会计档案对保护国家财产、监督执行国家财务制度和财经纪律有着重要作用，是查处经济案件、打击经济领域犯罪活动的有力工具。

第四，提供研究史料。会计档案是研究经济发展、总结财政工作经验和教训的可靠史料。

（四）会计档案工作

会计档案管理工作依靠财会部门和档案部门的紧密配合，按照《会计档案管理办法》和《会计人员职权条例》等有关法规的规定，与各级档案部门一道，建立、健全会计档案管理制度，以确保会计档案工作为国家经济建设服务。

1. 会计档案工作的管理体制

由于会计档案工作的特殊性和会计档案形成的复杂性，会计档案的管理需要财会部门与档案部门的密切配合。

（1）财政部与国家档案局负责全国的会计档案事务。党的十一届三中全会以后，全党工作的重点转移到以经济建设为中心的社会主义现代化上来，会计作为管理经济的重要组成部分，监督经济建设的重要手段，会计档案作为国家经济宏观决策的科学依据，渐渐被人们所重视。1984 年 4 月 24 日，财政部颁发了《会计人员规则》（以下简称《规则》），对建立会计岗位责任制、使用会计科目、填制会计凭证、登记会计账簿、编制会计报表、管理会计档案、办理会计交接等事项都做了具体规定。《规则》第一次把"管理会计档案"作为会计人员的重要职责之一。同年 6 月 1 日，财政部、国家档案局联合制发了《会计档案管理办法》，对会计档案的立卷、归档、保管、调阅与销毁都做了明确规定。1985 年 1 月 21 日，由第六届全国人民代表大会常务委员会第九次会议通过颁布的《中华人民共和国会计法》，对会计档案管理规定了明确的条款，使我国会计档案的管理纳入了法治建设的轨道。

（2）地方财政和档案业务管理机关对会计档案实行指导、监督和检查。随着国家有关部门对会计档案管理的重视，各省、市、自治区的财政部门与档案部门密切配合，在财政部和国家档案局的领导下，结合有关文件以及各地的特点制发会计档案管理的地方性文件，从而便于实行对会计档案管理的指导、监督与检查。

（3）基层财务会计部门与档案室具体管理会计档案。基层财务科室是直接产生会计档案的部门，它们按照国家财政制度和本单位经济管理的需要，开展各项会计业务活动。由于会计档案形成和管理的特殊性，会计档案在相关年度查考利用率比较高。按照《会计档案管理办法》的规定，当年的会计档案，在会计年度终了后，可暂由本单位财务会计部门保管一年。期满后，原则上应由会计部门移交单位档案室保管。档案室经认真核实、查对，确无任何差错或疑问，办理交接凭证。档案室以及档案管理人员应按照有关规定，严格履行自己的职责。

2. 会计档案管理制度

1984 年 6 月 1 日财政部、国家档案局联合颁发的《会计档案管理办法》，进一步充实和完善了会计档案工作制度。档案管理部门对于违反会计档案管理制度的，有权进行检查纠正；情节严重的，应当报告本单位领导或财政、审计机关处理。

（1）以《中华人民共和国会计法》为准绳，提高法治观念。《中华人民共和国会计法》第十五条规定："会计凭证、会计账簿、会计报表和其他会计资料，应当按照国家有关规定建立档案，妥善保管。会计档案的保管期限和销毁办法，由财政部门会同有关部门制定。"把会计档案作为国家法律规定下来，在新中国还是第一次，把会计档案写进国家法律也是第一次。可见，会计档案管理工作不仅是档案部门的事，而且是财政、会计部门的重要任务。

（2）按照《会计档案管理办法》的原则规定，制定具体实施办法。由于各部门、各地区、各单位的具体情况不同，在具体方法上不可能完全一致，允许有一定的灵活性。例如，中国人民银行系统，参加国家制定的会计制度，自行制定本部门的会计档案管理办法和制度，报财政部与国家档案局备案。对于集体所有制企业、事业单位以及其他类型的组织和个人，他们的会计档案管理办法和制度，由有关主管部门参照财政部与国家档案局的有关规定自行制定。

（3）适应形势发展的需要，不断完善会计档案管理办法。国家建设事业的发展，对经济管理和会计工作不断提出新的要求。一些新技术、新方法日渐引进到经济管理和会计领域，档案管理技术也在发展更新。随着电子计算机在会计工作中的应用，会计凭证、会计账簿和会计报表等会计档案的形式也将发生变化，需要通过调查研究，适时做出会计档案管理的新规定。

二、会计档案管理的业务内容

（一）会计档案的收集

会计档案的收集是指按照规定将会计凭证、会计账簿和会计报表集中归档、统一保存的活动。会计档案的收集工作要认真贯彻"统一领导，分级管理"的原则，各单位的会计档案要实行集中统一管理；同时，会计档案的收集工作要符合会计工作的规律，遵循会计档案的形成规律，要保证会计档案的齐全、完整和安全。

1. 会计文件材料的归档

（1）归档范围

归档的会计文件材料主要来源于财政机关总预算会计、单位预算会计、建设银行会计、机关经费会计、税务机关的税收会计、企事业单位会计及建设单位会计等。会计文件材料的归档范围主要包括会计凭证、会计账簿和会计报表等会计核算专业材料。财务部门经办的有关财会工作的方针、政策、制度、预算、计划、总结、报告以及往来文书都不属于会计文件的归档范围，应按照文书档案管理办法执行归档。

（2）归档时间和方式

按照会计制度的统一规定，单位在年终办理决算以后，会计凭证、账簿和报表应一并归档，集中保存，以备查询。

《会计档案管理办法》第六条规定："各单位每年形成的会计档案，应当由会计机构按照归档要求，负责整理立卷，装订成册，编制会计档案保管清册。当年形成的会计档案，在会计年度终了后，可暂由会计机构保管一年，期满之后，应当由会计机构编制移交清册，移交本单位档案机构统一保管；未设立档案机构的，应当在会计机构内部指定专人保管。出纳人员不得兼管会计档案。移交本单位档案机构保管的会计档案，原则上应当保持原卷册的封装。个别需要拆封重新整理的，档案机构应当会同会计机构和经办人员共同拆封整理，以分清责任。"对于会计文件材料的归档，通常是本年度的会计凭证、账簿、报表由本单位会计部门保管；但在年终决算报上级批准后，会计部门应编造清册，将会计档案移交本单位档案室统一保管。究竟采用哪一种方式归档，各单位的财务会计部门和档案部门可根据本单位的实际情况，协商决定。

（3）归档职责

各单位应将会计文件的积累和归档列入会计人员的职责范围，建立归档制度并明确归档范围和登记办法。根据会计文件形成的具体情况，应将归档或收集渠道落实到人，以保证会计档案的收集质量。

2. 收集分散的会计档案

在正常情况下，会计档案的收集是通过执行归档制度完成的，但是，出于某些原因，有些会计档案未能及时归档而分散于各处。针对这种情况，应采取措施，将分散的会计档案收集齐全。例如，各单位应清楚地掌握历任会计的任职情况，必要时，逐人逐年地收集会计文件；如果发现会计文件丢失或损毁的问题，要出具说明材料，并报领导审核。

（二）会计档案的保管

1. 选择适当的档案包装材料

会计凭证、账簿和报表的规格、形式、材质不同，为了有效地保护档案，便于管理和利用，应该为其选择和制作适当的包装材料。会计档案的包装材料（档案盒）的一般制作要求是，用250g的牛皮纸印制、折叠而成，要坚固耐用、存取方便、整齐美观、利于搬动。

2. 会计档案的排列

接收入库的会计档案经登记后，即可排列于档案装具之上，固定其存放位置。会计档案排列要做到整齐一致；如果有规格不一的会计档案，应适当分类，尽可能排列整齐。

会计档案的排列一般有两种方法：第一种是会计黏附排列法，即将一个会计年度形成的全部会计档案分为凭证、账簿、报表、其他四大类，按保管期限依次排列，这种方法适用于会计年度形成档案较少的单位。第二种是会计档案形式排列法，即先将全部会计档案按凭证、账簿、报表、其他四大类分别排列，在四大类内再按会计年度排列，这种方法适用于会计年度形成会计档案数量较多的单位。

为了掌握会计档案的数量和存放情况，需要建立会计档案的保管登记制度，按照档案入库的顺序，由管理人员进行登记。

（三）会计档案的整理

会计档案的整理是指按照会计工作的基本环节对会计档案进行分类、立卷、排列、编目等工作，使会计档案构成有机的体系。整理工作对于会计档案的保管、查找利用具有重要作用。

1. 会计档案的分类

分类是系统组织会计档案的重要方式，目前主要有如下三种方法：

（1）会计年度形式（凭证、账簿、报表）保管期限分类法。这种分类方法是首先将会计文件按照会计年度分开，再将一个会计年度的会计文件按凭证、账簿、报表分为三大类，在三大类内再按永久、25年、15年、10年、5年的顺序排列；按会计年度顺序编制流水号。这种分类方法适用于单位的预算会计、企业会计。

（2）会计年度—保管期限组织机构分类法。这种分类方法是首先将会计文件按会计年度分开，再将一个年度的会计文件按保管期限分开，然后，在同一保管期限内，按照单位的内部组织机构的顺序进行排列，同一内部组织机构的会计文件则先排报表，后排账簿与凭证；按会计年度顺序编制流水号。这种分类方法适用于各级总预算会计单位。

（3）会计年度会计类型—形式—保管期限分类法。这种分类方法是首先将会计文件按会计年度分开，再将一个年度的会计文件按税务部门的税收计划、税收会计、经费会计等会计类型分类，在各会计类型下再按报表、账簿、凭证顺序结合保管期限进行排列。这种分类方法适用于专业性强的各级税务机关的会计档案。

2. 会计档案的立卷与调整

会计档案的立卷应遵循经济活动和财务收支的规律，由财务部门办理终结后，将凭证按照现金、银行存款、销售往来等会计科目装订成册；各类账簿也按科目成册形成案卷，作为会计档案的基本保管单位。在立卷时，可将一本凭证或账簿作为一个保管单位。会计报表是将年报、季报和月报分开立卷，同时根据报表数量的多少组成保管单位。

在整理加工过程中，对账簿的处理有两种方法：第一，对固定式的账页，为了保持原貌，不须拆除空白页；填写账簿启用表，并在账皮上贴账簿案卷封面。第二，对活页式账页，填写账簿启用表，拆除空白页，编好页码，加账簿案卷封面和备考表后，进行装订。对于凭证、账簿、报表封面上原有项目没有填写完整或清楚的，要由会计部门的经办人补填；对于破损、缺页、装订不牢固的案卷，应由财会部门负责修补和装订，对不符合要求的会计档案，档案部门不予接收。

3. 会计档案的编目

编目是指为会计档案编制案卷目录。会计档案案卷目录通常按会计凭证、会计账簿、会计报表和其他会计资料分别编制，尤其是永久保管的会计档案，应单独编制案卷目录。

会计档案案卷目录的项目及填写方法如下所述：

（1）顺序号。顺序号指会计档案在案卷目录中顺序排列的序号，用阿拉伯数字填写。

（2）案卷号。案卷号指每个案卷在该目录中的流水号。一本目录内不能有重复的案卷号。

（3）原凭证号。原凭证号指记账时按科目赋予的凭证编号。无原始凭证号的，可填写该凭证册上的编号。

（4）案卷标题。案卷标题指案卷封面上的标题。应写成：××单位××年度报表，×单位×年度经费总账。

（5）起止年月日。起止年月日指案卷最早形成年、月、日至最后形成年、月、日。

（6）件数和页数。件数指卷内会计档案的份数，页数指填写案卷的总页数。

（7）保管期限。保管期限指会计档案的保存时间，分为永久、25 年、15 年等几种。

（8）存放位置。存放位置指会计档案存放库房号以及柜（架）、格、盒的编号。

（9）备注。备注部分填写需要说明的事宜。

（四）会计档案的鉴定

会计档案的鉴定是指划分会计档案的保管期限，对其进行初步鉴定、复查鉴定和对丧失价值的会计档案予以销毁的工作。

1. 会计档案的保管期限

会计档案的保管期限分为永久和定期两种。永久保管为 50 年以上，定期保管分为 25年、20 年、15 年、10 年、5 年等几个层次。各单位划分会计档案的保管期限原则上按照《会计档案管理办法》《财政总预算、行政单位、事业单位和税收会计档案保管期限表》《建设银行会计档案保管期限表》等的规定执行；如有特殊情况，可以适当延长保管期限。

在立档单位会计核算中形成的，记述和反映会计核算的，对工作总结、查考和研究经济活动具有长远利用价值的会计档案，应永久保存。属于永久保管的会计档案有：年度决算报表，涉及外事和对私改造的会计凭证、账簿等。在一定时期内具有查考作用的会计档案，应定期保存。属于定期保管的会计档案主要有会计账簿、凭证和月报表等。

会计凭证一般情况下保存 15 年左右，无须永久保存。其中，对于涉及外事和对私改造的会计凭证应当永久保存。对于未了结的债权、债务的原始凭证，涉及林、地、房产产权的有关货币收支凭证，精简下放、退职回乡、落实政策的支付凭证，工资支付单，对处理历史遗留问题有参考价值的原始凭证等，应适当延长保管期限。

会计账簿保存 15~20 年即可，也无须永久保存。这主要是因为会计账簿中的一些项目和数字已被会计报表所代替，会计账簿保存一段时间后查找率就会很低。

会计报表，特别是其中的年度会计报表（决算），需要永久保存。季度报表、月份报表保存 3~5 年。如果年度报表过于简略，或年度报表遗失，需要季度报表、月份报表辅助，则季度报表、月份报表可酌情适当延长保管期限。

2. 会计档案鉴定工作的组织与方法

（1）会计档案鉴定工作的组织

各单位鉴定会计档案必须有组织、有领导地进行，任何个人不得擅自处理会计档案。单位在鉴定会计档案时，应成立由主管领导、会计部门与档案部门负责人参加的鉴定工作领导小组，制订鉴定工作方案，明确鉴定工作的要求、步骤和方法，确保鉴定工作的质量。

（2）会计档案鉴定工作的步骤

第一步，初步鉴定。在会计核算材料的整理过程中，初步鉴定由会计人员完成。会计部门在每年的会计年度终了时，对需要归档的会计材料进行整理、编目、装订，并根据《会计档案管理办法》确定各类会计档案的保管期限。

第二步，复查鉴定。档案部门接收会计部门移交的会计档案后，要定期会同会计人员对已到保管期限的会计档案进行复查鉴定，确定其是否延长保管期限或销毁。

第三步，销毁鉴定。对保管期满、可以销毁的会计档案，由档案部门提出意见，再由会计部门与档案部门共同鉴定，确认可以销毁的档案；然后编制销毁清册，经批准后，对档案实施销毁。

3. 会计档案的销毁

（1）编制会计档案销毁清册。会计档案销毁清册是对经鉴定认定无保存价值的会计档案进行登记的目录名册，是销毁会计档案的依据。

（2）编制会计档案销毁审批报告。会计档案销毁审批报告是对需要销毁的会计档案情况的书面说明。它要上报单位的领导、上级主管部门以及上级财政部门和档案部门审批；

销毁工作完成后，还要由监销人员和销毁人员在报告上签名盖章。

各单位在实施对会计档案的销毁时，应由档案部门和财务会计部门共同派员监销。各级主管部门销毁会计档案时，还应由同级财政部门、审计部门派员参加监销。集体所有制单位销毁会计档案时，必须由主管部门派员监销。各级财政部门销毁会计档案时，由同级审计机关派员参加监销。

（五）会计档案的提供利用

会计档案记录着单位资金运行和管理情况，是单位的一个重要信息资源。有效地开发利用会计档案信息，可以为单位制定发展目标、改善经营管理、提高经济效益提供可靠的数据。因此，做好会计档案的开发利用工作十分重要。

1. 会计档案的检索工具

（1）案卷目录。案卷目录的编制方法有以下三种：第一，编制会计凭证、账簿、报表三者合一的会计档案案卷目录；第二，分别编制会计凭证目录、会计账簿目录、会计报表目录；第三，分保管期限编制不同的会计档案的案卷目录。其中第三种编制方法与会计档案的排列、编号一致，比较有利于档案的保管、移交和销毁。

（2）专题目录。专题目录是根据国家经济建设和编制长远规划的需要，将历年案卷目录中有关生产、基建、供销、经费的内容以及财务决算及说明等按照专题编制的目录。

2. 会计档案的编研

会计档案编研工作的主要内容是根据档案的内容和本单位的需要编制一定形式的档案参考资料。通常会计档案管理部门以编制数据性档案参考资料为主。

（1）基础数字汇集。基础数字汇集是利用会计档案中各方面的数据信息，将立档单位经济管理活动的数据按若干项目编辑而成的一种档案参考资料。其作用是供单位领导和业务人员全面、系统地掌握情况。

（2）重要数据汇集。重要数据汇集是按照时间顺序，将资金、产值、利润、利税、工资、奖金、成本等分项制成表格而形成的档案参考资料。

（3）阶段性资金分析表。阶段性资金分析表是按时期对比和反映企业资金运转使用情况的参考资料，主要供单位领导掌握单位经营情况、总结经验教训和研究发展方向。

三、数字时代电子会计档案全流程路径与解决方案

（一）电子会计档案概述

企业经济活动相关的原始凭证、记账凭证、会计账簿、会计报表，以及合同、发票、对

账单等其他会计资料是单位档案的重要来源，也是国家档案的核心内容。大数据、人工智能、移动互联、云计算、物联网、区块链等数字技术使数据资源能够以更低成本随处随时获取，并加速流动和分享，使人类社会进入了数字时代。会计工作已经迈入数智化时代，数字技术将加速企业电子会计档案的应用和管理模式的创新变革。与此同时，国家政策制度的不断修订、企业内部管理的不断变革，企业会计档案开始从纸质模式迈入电子模式。

在国家政策制度的驱动下，理论界与实务界的专家学者开始关注电子会计档案的最新进展与应用实践。学者在对电子会计档案的研究中都非常关心国家政策制度的影响作用。2013 年 12 月，发改委、财政部、国家税务总局、国家档案局联合下发《关于组织开展电子发票及电子会计档案综合试点工作的通知》，明确提出增加开具、查询、接收、验证、归档、调阅等电子发票管理环节。中国联通、中国人保和中国电信三家企业在 2012 年成功完成了电子会计档案试点工作，财政部和国家档案局从 2014 年开始对《会计档案管理办法》进行修订，于 2016 年 1 月施行，明确提出企业可以利用计算机、互联网等信息技术对会计档案进行管理，内部形成的属于归档范围的电子会计资料可仅以电子形式保存，形成电子会计档案。2020 年 3 月又印发了《关于规范电子会计凭证报销入账归档的通知》，更加明确地指出电子会计档案可以不再另以纸质形式保存，电子与纸质的会计凭证具有同等法律效力；同年 12 月 20 日，国家税务总局发布了《关于在新办纳税人中实行增值税专用发票电子化有关事项的公告》，明确提出在全国新办纳税人中实行增值税专用发票电子化，为规范使用电子发票进行报销入账归档提供了基础。

在电子会计档案管理及应用研究方面，有研究认为，企业通过对电子会计档案的全面管理，如领导层的重视、数据真实性的保障、电子数据安全的保护、专业电子会计档案管理人员的培养等，更加有效地保证会计档案的完整、真实、安全、可用，在降低档案管理成本的基础上，更能保障档案的安全。会计档案电子化在企业中的应用至关重要，在企业内部管理和利用过程中，具有智能识别、高速传递、高效查询等优势，帮助企业节省人力、财力，从而提高档案管理人员的工作质量和效率。数字时代，大数据、互联网、人工智能、区块链、云计算等新技术对电子会计档案在企业的优势作用将更加明显，有助于实现电子会计档案的安全性和真实性，以及精细化、智能化和实时化。

电子会计档案在企业高效管理与积极应用方面已经得到了普遍的认可，虽然会计档案的电子化帮助企业实现异地实时稽核，加强了财务管控能力，但在数字时代，随着会计资料数据类型多样和数量激增，企业对会计档案的归档数量、归档方式、访问效率、使用成本、数据安全等提出了更高的要求，企业迫切希望通过智能化、数字化的电子会计档案，帮助管理者高效、实时管理和分析电子会计数据。当前企业会计档案管理面临诸多挑战：第一，会计档案的数量过大，会计凭证、发票、合同等纸质附件较多，难于管理；第二，企业内部业务与财务，以及外部供应链的全流程未打通，会计档案管理的部分节点手工操作较多；第三，部分企业初步建立了电子会计档案系统，但是纸质档案未能与相对应的电子档案建立有效的索引关系，给会计人员和业务人员的借阅、查询带来诸多困难；第四，企业会计档案管理监督职责缺失，会计档案容易丢失，数据容易被篡改和损坏，可能造成会计档案无法保存完整；第五，纸质会计档案长期保存占据较大物理空间，也需要大量档案管理人员进行维护，纸质单据需要手工匹配、装订，管理成本较高；第六，纸质会计档案服务于会计实践较为烦琐，会计档案信息的共享难以实现，未能充分发挥会计档案的应用价值；第七，电子会计档案的管理可能存在一定的安全隐患，尤其是企业内部对电子会计档案的管理不够重视，导致出现管理制度及文档不够健全、管理人员能力不足、会计资料的电子化程度不够等问题，无形中增加了档案的管理难度。

正是由于信息技术的快速迭代和政策制度的积极引领，为企业会计档案管理出现的问题提供应对方案，也为本书展开系列研究提供了可能。电子会计档案利用移动互联、人工智能、电子影像等技术将传统纸质管理转为电子化的线上处理，实现会计资料智能化的调阅和共享。电子会计档案在打破企业内外部信息孤岛的前提下，提高会计档案处理效率，降低财务成本，基于数字技术和已沉淀的数据，为企业的经营模拟、管理决策提供数字化的经济洞察。因此，数字时代，企业电子会计档案的全流程路径应该包括哪些阶段？基于这些路径阶段，企业电子会计档案的解决方案又该如何构建？对这些问题的回答，有助于科学评价电子会计档案建设的全流程，深入分析电子会计档案构建的解决方案，更好地促进电子会计档案为我国会计高质量发展服务提供经验证据和对策建议。

（二）电子会计档案全流程建设的推进

无论是手工时代和信息化时代，还是数字化时代，企业会计档案管理主要包括采集、整理、归档、保管、查询、借阅、鉴定、销毁的全流程。数字时代使企业经济活动产生的原始凭证、会计凭证、会计账簿、会计报表、其他会计资料等会计档案以几何级数量增长，并与财政系统、税票系统等外部系统提供的各类电子票据，以及企业内部会计核算系统、ERP 系统等提供的电子资料紧密关联。企业的电子会计档案管理利用 OCR（光学字符识别）、RPA（机器人流程自动化）、移动互联等数字技术实现会计资料电子化，通过影像系统存储和管理电子会计资料，并借助数据挖掘、大机器学习、知识图谱等数字技术对会计档案进行智能分析与决策。

1. 档案采集

2021 年 2 月 22 日，国家档案局联合财政部、商务部、国家税务总局发布《关于进一步扩大增值税电子发票电子化报销、入账、归档试点工作的通知》，再次明确了增值税电子发票的合法化。企业经济活动产生的原始凭证、会计报表、会计账簿、银行对账单、银行回单、合同、票据等会计资料主要以纸质形式存在，企业可通过内外部系统的集成实现会计资料采集自动化，并利用影像系统使纸质单据以电子化的形式存在。

企业通过第三方商旅平台的税票系统直接采集和验证各类电子发票，直接传递至电子会计档案系统。而对于经济活动中生成的各类实物纸质单据，企业利用财务共享服务中心的影像系统，自动生成相应的各类电子单据批量上传或手工上传至电子会计档案系统。会计人员基于电子化的原始凭证自动化或智能化生成会计凭证、会计账簿、会计报表等电子化会计资料，并存放在会计核算系统中。企业经济活动与会计资料相关的原始单据通过内外部系统与电子会计档案系统对接，诸如，通过银企互联系统采集电子银行回单、电子银行对账单，ERP 系统中电子入库单、出库单，合同管理系统中电子合同，采购系统中电子采购单等。

2. 档案整理

电子会计档案系统收集完各类数据后，企业需要对电子档案建立有序的管理体系。电子会计档案系统对采集的各类电子档案建立数据资产目录，对各类电子档案的数据进行分类并建立相互之间具有关联关系的索引体系，更好地为后续电子会计档案的归档、查询、统计分析提供管理支持。

3. 档案归档及保管

电子会计档案的管理优势主要体现在会计档案及其之间的关联关系可以利用系统自动化处理。企业根据各种财务和业务信息系统已有的电子会计档案，基于系统间的数据融合关系以及电子会计档案内部的数据编码规则，实现电子会计档案系统数据的溯源查询，以及同一业务事项单据、发票等会计资料的关联关系。企业经济活动生成的电子会计档案可根据各自的编号以及建立好的映射关系，在电子会计档案系统中自动完成电子单据的匹配。在此基础上，会计人员通过扫描具有二维码标志的纸质会计档案，实现纸质和电子之间的完美匹配。电子会计档案系统保留手动匹配的权限，保证纸质单据影像生成的电子单据与电子记账凭证之间的准确匹配和对应关系。

另外，电子会计档案系统的分册入库在全流程档案管理中至关重要，将实现实物档案与电子档案之间按照顺序执行归档，主要体现在：第一，电子会计档案系统的分册入库是以档案准确匹配实现为前提，电子会计档案系统对电子凭证进行分册，保证电子档案分册信息与实物纸质档案保持一致；第二，电子会计档案系统保存分册信息后，会计人员可在系统中修改和维护分册信息，以保证实物纸质档案发生信息变化后，电子会计档案能够与之相匹配，维护电子档案与实物档案之间的映射关系；第三，电子会计档案系统利用二维码技术，实时跟踪纸质档案的存放位置，保证电子档案分册信息与实物档案的对应关系，实现会计档案虚拟化的电子管理和纸质档案盘点的自动化管理；第四，企业可能存在多个纸质档案保管地点或档案室，电子会计档案系统随时查询实物档案所在地，并能实时申请实物档案调拨，具有监控实物档案调拨进度、档案分册信息修改等功能。

4. 档案查询与借阅

电子会计档案系统形成了线上电子档案和线下实物档案的联动管理模式，各种会计资料可以随时线上查询。会计档案借阅人基于查询内容定位相关电子资料，管理人员通过扫描分册条形码完成档案的借阅与归还。对于线下纸质归档部分，电子会计档案系统通过钩稽线上电子档案与线下实物档案的关联关系，实现线上与线下的联动管理。电子会计档案系统对线上电子档案通过影像系统按照规则自动关联，线下实物档案通过二维码的方式实现电子与纸质的自动关联，从而实现线下实物档案的联动管理。

企业将经济活动产生的电子化原始凭证，以及生成的会计凭证、会计报表等电子会计资料，通过电子会计档案系统与企业内外部系统利用 API 与 RPA 等技术自动化地实现数据集成和数据映射的关联关系，以供业务人员或会计人员查询。电子会计档案系统具有一定的数据统计分析能力和展示多维统计报表的功能，实时动态提供会计档案数量和状态的可视化结果，按照核算主体、主营业类型、法人单位、借阅情况、产品分类等不同维度个性化地展示各种统计报表数据，使电子会计档案系统具有精细化、多维化、可视化的能力。

企业内部管理、外部审计、上级监管等都需要借阅电子会计档案，因此电子会计档案系统需要设计满足各类组织和人员查阅需求的应用场景。企业通过实现实时多维度查阅电子会计档案的需求模式，有效帮助会计人员提高数据资产的利用效率，盘活企业参与市场经营的数据分析能力。电子会计档案系统通过设置各种权限和查阅规则保障数据的安全可靠，确保查阅过程实时留存访问日志，做到全程安全可控。

5. 档案鉴定与销毁

电子会计档案系统的鉴定与销毁主要是判定电子会计资料的真伪、价值、保管期限，并决定是否删除无保存价值的电子档案，及时予以销毁。电子会计档案系统的鉴定工作要判断电子会计档案的原始性、准确性、完整性，根据电子会计档案的情报作用和信息价值，以及社会的需求程度和企业工作的有用性，以明确档案数据的价值和保管期限。电子会计档案系统在支持数据永久备份的同时，根据企业制定的电子档案销毁制度和流程，可以对电子档案数据进行销毁处理。

6. 档案安全

纸张保存仍然被认为是最安全的方式之一，电子形式的会计资料以无形的方式存放在电子会计档案系统，很容易引起数据丢失、篡改、盗取等安全问题，保障电子会计档案安全的方法主要体现在：第一，电子会计档案系统在安全认证制度的指引下，企业利用二维码、水印、电子签名等技术，实现电子会计档案管理及其数据的完整性、保密性、可靠性、真实性，并可安全地实现电子会计档案的异地存储，提升安全保障等级。第二，电子会计档案系统通过设置保密信息等级与分级分类授权设计，建立完善而又有内控制度的查询权限管理机制。企业按照电子会计档案管理的保密等级，根据不同的岗位职责和人员要求设置不同的访问权限。企业可以将电子会计档案系统的借阅审批流程嵌入办公 OA 等内部信息系统，避免财务管理内控风险的发生。第三，数字技术对电子会计档案系统的安全将起到积极作用，尤其是利用区块链技术联合密码学方法以去中心化的方式保障数据的安全可靠。当企业工作人员借阅电子会计档案时，系统对相关信息利用区块链技术进行封装，当电子会计档案不再查阅时，可通过电子会计档案系统与区块链进行数据校验，如果区块链没有存储相关信息，则该档案不是电子会计档案系统所提供，可能存在被篡改的风险。

（三）电子会计档案解决方案构建

电子会计档案解决方案构建的基本原则是要保证数据资源的安全性、实用性、准确性，并能在数字时代背景下实现智能化的档案管理，主要体现在：第一，电子会计档案的解决方案应符合国家相关政策及标准规范的要求，国家档案局、财政部、发改委、国家税务总局发布的有关办法、通知等政策能指引电子会计档案解决方案构建。第二，企业经济活动生成的各类会计资料利用影像扫描技术全面实现电子化。电子会计档案系统利用影像扫描技术实现纸质实物单据的电子化，并利用 OCR、RPA 等技术在企业内外部系统中自动化地采集数据，完成会计凭证、会计账簿、会计报表等电子会计资料的档案归档。第三，电子会计资料类型的不同维度，需要电子会计档案系统归档、分册、借阅全流程的规范化与自动化。电子会计档案系统自动化对会计档案进行电子归档，基于纸质实物单据的条形码，实现与纸质档案物理位置的对应查询。第四，数字时代的电子会计档案系统支持数据的多维度检索和智能分析，满足内外部利益相关者的需求。电子会计档案系统的构建能够实现档案数据按目录、专题、时间、组织等多维度的方式检索，并能实现电子会计资料与纸质实物票据之间的联查。电子会计档案系统具有智能分析功能，企业基于会计档案与内外部系统数据的关联关系，智能化地分析企业经营活动的结果。第五，电子会计档案系统安全可靠，企业利用区块链、数字签名、身份认证、电子签章等新技术，实现防篡改、防访问、防泄露等安全目标。第六，电子会计档案系统的核心功能定位是要助力企业财务管理实现自动化、智能化、数字化。电子会计档案解决方案的构建是基于功能定位的目标实现为前提，主要包括发票的采集方式、实物流、影像流、业务流、电子化归档。

1. 发票采集方式

《关于进一步扩大增值税电子发票电子化报销、入账、归档试点工作的通知》明确了增值税电子发票应用的合法化。在传统纸质销项发票使用背景下，企业通过税务机关现场领取或邮递发票，每月底对进项税发票的抵扣联进行认证抵扣处理，下月初进行销项税的结清，最后通过办税服务厅或在线提交有关纳税事项，完成纳税申报等工作。增值税电子发票的全面应用，使企业在领购发票、认证抵扣、纳税申报等环节均可实现线上操作，电子化发票也可以利用 OCR 等技术生成结构化信息，直接与税务局完成认证。与此同时，企业利用数字技术智能化地完成算税、对比、校验、纳税申报表生成等工作。

对于进项发票，电子会计档案系统的采集方式主要有三种：第一，对于实物发票，员工以现场拍照或者相册选择的方式将电子原始凭证上传到影像系统或其他相关系统，但这种方式明显增加了员工的工作量；第二，如果关联方直接开具电子发票，企业以 OFD、PDF、图片等电子形式直接导入影像系统；第三，企业建立微信卡包或电子发票系统，直接建立与影像系统之间的数据接口，打通企业内外部系统间电子发票的自动化传递。

电子发票的全面应用，企业不再需要扫描纸质发票，电子会计档案系统自动采集企业内外部系统的电子原始凭证，完成会计凭证、会计账簿、会计报表、电子报账单等会计工作，实现电子发票与电子会计资料的匹配关系，自动归档在电子会计档案系统。

2. 实物流

发票采集完成后，企业经济活动产生的各类实物单据利用影像扫描技术转换为电子单据，并上传至影像系统，而实物单据则由档案管理员进行接收、复核、归档。实物流是企业档案管理的重要组成部分，档案管理员对企业经济活动所有的单据、发票进行管理，并协调和处理档案数据的查询、借阅。数字时代，档案管理员只负责保管纸质档案，并且纸质档案利用条形码技术与电子会计档案系统建立映射关系，从而自动化地维护电子档案和纸质档案。

3. 影像流

电子会计档案系统通过各种发票采集方式获取的电子发票，以及企业经济活动产生的纸质实物单据通过影像系统扫描形成电子单据，将全部以电子影像的形式存放于影像系统。企业将对电子发票和电子单据进行归档操作，作为电子会计档案系统中的一部分。企业影像流和实物流的实现是电子会计档案系统解决方案的重要部分，电子会计档案系统需要在实物单据扫描转换为电子单据的同时，利用二维码等条形码技术建立两者之间的映射关系，方便档案的查询和调阅，以及电子会计资料的溯源操作。

4. 业务流

随着中国企业的规模化与全球化，财务共享服务中心的优势日益得到认可，并逐渐开始在中国企业财务转型中落地生根。财务共享服务中心需要解决企业、全国乃至全球不同区域经济活动实物单据和发票的运转问题，电子会计档案系统的发票采集方式、实物流、影像流对财务共享服务中心的运营起着决定作用。

企业经济活动发生后，电子会计档案系统采用各种发票采集方式获取电子发票，并基于影像系统获取大量电子原始凭证，自动化地完成读取电子会计档案信息、填写报销单、提供报销人收款信息等任务。企业业务人员、会计人员利用电子会计档案系统使工作方式由传统纸质实物模式转向电子化模式，通过影像流中已经存储的电子影像资料线上处理相关工作。财务共享服务中心根据付款计划自动执行银企互联系统进行付款，会计人员基于各种电子会计资料按照记账规则自动生成凭证，并自动化地完成凭证审核、过账等工作，该业务事项相关的电子会计资料将在电子会计档案系统中电子化归档。

5. 电子化归档

企业在完成发票采集、实物流、影像流、业务流的基础上，电子化归档标志着某一项经济业务活动在电子会计档案系统的结束，主要体现在：一是经济活动中发生的实物单据、发票通过多种采集方式生成电子会计资料，并在电子会计档案系统进行电子化归档；二是财务共享服务中心利用各种电子原始凭证，生成会计凭证、会计账簿、会计报表等电子会计资料，并在电子会计档案系统进行电子化归档。电子会计档案系统归档的电子原始凭证和电子会计资料有着千丝万缕的关系，电子会计资料需要以经济活动中各种电子单据和电子发票作为会计处理的基础。因此，电子会计档案系统利用条码技术将实物单据与影像单据建立映射关系，并记录实物单据详细信息及实物会计档案存放位置。与此同时，电子会计凭证、电子会计账簿、电子会计报表等电子会计资料与相对应的电子单据、电子发票建立映射关系，会计人员一键关联相关的业务事项，并发起电子会计档案查询和调阅申请，及时记录相关信息。

会计档案电子化归档的核心内容主要体现在：第一，会计凭证的电子化。电子会计档案系统中记账凭证将以电子化方式存在，纸质凭证不再进行存档。企业利用条码技术建立实物单据、发票与电子记账凭证之间的映射关系，自动化地调阅电子档案。企业内部ERP、采购、销售等信息系统产生的采购单、入库单、移库单等实物单据也将以电子化的形式保存，并建立与电子记账凭证之间的映射关系。第二，会计账簿的电子化。企业会计核算系统生成的总账、明细账、日记账、辅助账等会计资料全部以电子化的形式归档。第三，会计报表的电子化。企业的损益表、资产负债表、现金流量表等会计报表将在会计信息系统中自动生成，并以电子化的形式归档。电子会计档案系统赋予相关人员一定的在线查阅功能权限，而对外披露或报送的会计报表，视外部情况提供电子访问权限或递交纸质会计报表。第四，银行回单的电子化。企业和银行之间已经实现银行回单的电子化，并能关联电子回单和电子记账凭证的映射关系。

总之，企业信息系统开始迈入数智化阶段，电子会计档案系统作为企业信息系统的重要组成部分，帮助企业实现档案管理全过程的无纸化、档案操作的无人化、凭证管理的智能化、档案调阅查询的可视化、档案数据分析的数字化。数字时代的电子会计档案系统不仅让企业有机会使用高质量的会计信息资产，助力企业推动业务洞察和提升管理价值，而且能让会计人员积极参与到经营分析、管理决策、绩效评价、税收筹划等高附加值的工作中，为企业屹立于激烈的市场竞争提供智力支持。

在实践方面，电子会计档案的建设推进和解决方案的实现，既要通过国家政策的统筹、档案管理制度的建设、档案管理体制的变革，又要积极利用各种数字技术，结合企业会计档案管理过程中遇见的问题和困难，做好电子会计档案解决方案的顶层设计。与此同时，电子会计档案系统建设与管理更需要理念的创新、方法的革新、能力的提升，强化企业管理的履职能力和发挥数据创造价值的作用。企业电子会计档案的可持续发展还需要拓展渠道建设，积极促进行业协会、软件厂商、咨询机构、研究院校等机构的参与，实现多元主体共同推进电子会计档案在数字时代的可持续健康发展。

第三节 人事档案管理及数字化实践

一、人事档案概述

（一）人事档案的含义

人事档案是国家机构、社会组织在人事管理活动中形成的，记述和反映个人经历、德才能绩、工作表现的，以个人为单位集中保存以备查考的文字、表格及其他各种形式的历史记录。

人事档案是历史地、全面地考察、了解和正确选拔使用职工的重要依据，是国家档案的重要组成部分。我国的干部（公务员）、职员、工人、学生（从中学开始）、军人都建立了人事档案，其主体是干部和工人档案。

人事档案主要来源于一定单位的人事管理活动。"所谓人事，并不是指人和事，而是指用人以治事，主要是指人的方面，以及同人有关的事的方面。"人事档案就是国家在用人治事，以及处理与人有关的事情所形成的文件材料。例如，为了了解员工的基本情况，布置填写履历表、登记表、自传；对员工进行鉴定、考核和民主评议、形成鉴定书和考核材料；在用人过程中，形成录用、定级、调资、任免、升迁、奖惩等方面的各种文字、表格材料。

人事档案是反映个人经历、思想品德、业务实绩、个性特点、专长爱好等情况的原始记录，真实反映一个人的客观面貌。人事档案中的自传、履历表、登记表，是个人经历、思想演变、家庭与社会关系的反映；历年的鉴定，记载着个人不同时期的表现和组织的评价；入党、入团、提职、晋级等材料，是个人在党和组织的教育培养下成长的佐证；政治与工作情况的考核、考察、奖惩与科研成果的登记等方面的材料，是个人政治表现、工作能力、成绩贡献、技术专长的展现。所以，人事档案是如实记载个人情况的历史记录。

人事档案是处理完毕的具有使用价值和保存价值的文件材料。人事管理活动中形成的文件材料，凡是决定归入人事档案的，必须是完成了审批程序，内容真实，完整齐全，手续完全，有查考价值的材料，以保持人事档案的优良状态。

人事档案是以个人姓名为特征组成的专卷或专册。它的内容和成分只能是同一个人的有关材料，才能方便查找利用。假如一个人的材料被分散，就无法正确反映该人的全貌，影响对其全面评价。如卷内混杂了他人的材料，就会因张冠李戴而贻误工作，造成不良后果。

上述人事档案的定义，指明了人事档案的来源、形成原因、内容范围、价值因素和以个人为单位的形式特征。它既揭示了人事档案的本质——历史记录，也提出了如何识别和判定一份文件材料是否属于人事档案的标志。

（二）人事档案的特点

1. 现实性

人事档案是由组织、人事、劳动部门以现职人员和离退休人员为单位建立的，由专门反映员工个人情况的文件材料所组成。它涉及的当事人，绝大多数还在不同岗位上工作、生产或学习。组织、人事、劳动部门为了考察和正确使用员工，要经常查阅人事档案，了解其经历、德才和工作业绩，以便安置在最适合的岗位上，充分发挥其聪明才智。现实工作中，用人就要先看档案，已成为必要的工作程序。作为依据性的人事档案，有时会对一个人是否使用、如何使用起着决定性的作用。但是，人事档案是"昨天"的历史记录，而它反映的对象——人，又是每天都要发生变化，谱写自己的历史篇章。因为，档案人员需要跟踪追迹，及时补充新材料，使档案既能反映某人的历史面貌，又能反映现实状况，达到"阅卷见人"或"档若其人"的要求。反映现实与具有现实效力和作用，是人事档案的重要特点之一。

2. 真实性

人事档案的真实性，与一般意义上所说的档案的真实性还有一定区别。档案的真实性有两个方面的含义：一方面，档案从总体上说，是由社会实践活动中形成的文件材料转化来的，是历史的沉淀物，客观地记录了以往的历史情况，无论从内容和形式上都表现出原始性，是令人信服的证据。另一方面，从具体的每份档案材料来说，出于人们认识水平的局限性和政治斗争的复杂性等原因，有一部分档案所记载的内容并不真实，甚至是恶意歪曲与诬陷。但档案毕竟是历史上形成的，即使是内容不真实，但仍表达了形成者的意图，留下了当事人的行为痕迹，反映了当时的情况，仍不失其为历史记录而被保存下来。所以，档案的真实性是相对的。人事档案的真实性，有着特定的含义。从个体来说，每一份档案材料从来源、内容、形式等方面都必须是完全可靠的真实。凡是来源不明、内容不实、是非不清的文件材料不能转化为人事档案，即便已经归档也要剔除。从整体上说，要求一个人的人事档案应完整系统，既反映过去，又反映现在，纵可以提供个人成长的道路，横能勾画出全方面概貌。真实性是人事档案的生命，是人事档案能否正确发挥作用的基础和赖以存在的前提。

3. 动态性

历史在发展，社会向前进，每个员工的情况也在不断发生变化。人事档案从建立之日起就是动态的而不是静止的。一方面，由于人事档案涉及的当事人每时每刻都在谱写自己的历史，各方面都在发展变化，因而决定了人事档案必须根据当事人情况的变化而不断增加新的内容，补充新材料，以适应人事管理的需要。例如，学历的变化、能力的提高、职务和职称的晋升、工作的新成就、工作岗位的变化，以及奖励、处分，都应及时记载并收集有关材料归档，直至逝世（有的职工举行告别仪式的报道消息、讣告、悼词装入本人档案）。这才意味着收集补充材料工作的终止。另一方面，人事档案随着人员的流动而不断转递。人到哪里，档案就转到哪里，"档随人走""人档统一"，是管理人事档案的一条原则，也是人事档案发挥作用的必要条件之一。转递不及时，会出现人、档分家，发生"有档无人"或"有人无档"的现象，影响单位对工作人员的了解、培养和使用。人事档案也因对象的下落不明而成为"无头档案"的死材料。总之，人事档案从建立到向档案馆移交前，始终处于"动态"之中。

4. 机密性

人事档案在相当长的时间内是保密的，不宜对外公开。1990年中央组织部颁发的《干部档案工作条例》（以下简称《条例》）指出："在干部档案管理工作中，必须贯彻执行党和国家有关档案、保密法规和制度，严密保管，确保干部档案的完整与安全。"《条例》对人事档案也是完全适用的。人事档案是组织上在考察和使用员工活动中形成的，记载了员工的自然情况（姓名、出生年月、民族、籍贯、简历、学历、家庭情况、社会关系、政治表现、个性特点、专长爱好等），学习、工作、科研成就，考核与奖惩等。它既涉及有关工作的重要事项，又有公民的隐私。由于人事档案涉及国家机密和个人私生活的秘密，在较长时间内必须保密，应建立严格的管理、利用制度，确保国家机密的安全，切实维护个人隐私权不受侵犯。

（三）人事档案的作用

第一，人事档案是考察、了解员工的重要手段。一个员工的工作与生活实践活动、思想言行、政治、业务水平以及个人素质都被记载下来。人事档案有助于组织上根据每个人的特点，提出培训、录用、升迁等建议，达到"因材施教""量才录用"，调动人事群体的积极性。

第二，人事档案是做好组织、人事工作不可缺少的依据。组织、人事工作的根本任务，是知人用人，应做到知人善任，选贤举能。知人是善任的基础，要想知人，就要全方位地了解人。既要了解其德，又要了解其才；既要了解其长，也要了解其短；既要了解其过去，更要了解其现在。了解的方法，除直接考察这个人的现状外，还必须通过人事档案掌握其全面情况。实践证明，通过对二者的有机结合对个人进行了解，收效颇佳。

第三，人事档案是澄清个人问题的凭证。人事档案是个人历史与现实的原始记录，它可以落实人事政策，平反冤假错案，调研工资级别，改善生活待遇，确定或更改参加工作、入党、入团时间以及解决个人历史上的遗留问题等提供可靠的线索或凭证，是查考、了解和处理问题的依据。

第四，人事档案可为人才开发提供信息和数据。组织、人事部门通过使用人事档案，从中探索人才成长规律，提高人事管理科学化水平，开发人才资源，适应社会对人才的广泛需求。

第五，人事档案是编写人物传记和专业史的宝贵史料。人事档案内容丰富，数量巨大，有较高的史料价值。它是研究党和国家人事工作，研究党史、军史、地方史、思想史、专业史、撰写名人传记的珍贵资料。人事档案是组织、人事部门形成的，其中许多材料是当事人的自述，情节具体，事情真实，时间准确，内容翔实，是印证历史的可靠材料。

（四）人事档案工作

1. 人事档案工作任务和管理部门职责

人事档案工作是用科学的原则和方法管理人事档案、提供档案信息为组织、人事工作服务的一项工作。人事档案工作是组织、人事工作的重要组成部分。也是国家档案工作的组成部分。它是为贯彻执行人事工作路线、方针和政策，选贤举能，知人善任，为社会主义现代化建设服务的。

（1）人事档案工作的基本任务。根据改革开放形势下组织、人事工作的需要，加强人事档案材料的收集归档工作，完善管理体制，搞好队伍建设，做好基础工作，进一步改善保管条件，努力提高科学管理水平，保障提供利用，有效地为组织、人事工作服务，为社会主义现代化建设服务。

（2）人事档案管理部门的职责。①保管人事档案，为国家积累档案史料；②收集、鉴定和整理人事档案材料；③办理人事档案的查阅、借用和转递；④登记员工的职务、工资和工作变动情况；⑤为组织、人事工作提供人才信息，为有关部门提供员工情况；⑥做好人事档案的安全、保密、保护工作；⑦调查研究人事档案工作情况，制定规章制度，搞好人事档案的业务建设和业务指导；⑧推广、应用人事档案现代化管理技术；⑨定期向档案馆（室）移交死亡员工的档案；⑩办理其他有关事项。

2. 人事档案工作的管理体制

人事档案工作实行集中统一和分级负责的管理体制。人事档案是人事管理活动的历史记录，是开展人事工作的必要条件，管理人事档案是人事工作自身的需要，是组织、人事、劳动部门的职责。人事档案应由各级组织、人事、劳动部门集中统一管理。我国现行的人事档案的管理体制是：工人档案由所在单位的劳动（劳资）部门管理。学生档案由所在学校的教务或学生工作部门管理。军人档案由各级政治（干部）部门管理。干部档案则按干部管理权限集中统一管理。各级组织、人事部门有明确的管理权限，分管哪一级干部，就管哪一级干部的人事档案，做到"人档统一"。这一原则，在地（市）以上是完全适用的，但在县以下的单位（包括县委、县府直属单位），管的干部少，大多只是几十人，有的甚至只有几个人。单位小，档案少，无专人管理，不具备保管条件，严重影响了干部档案的安全保密和业务建设。为此，《条例》规定："县以下机关、单位的干部档案，实行由县委组织部集中管理，或由县委组织部、县人事局等单位相对集中管理。不具备保管条件或档案很少的单位，其干部档案由上一级单位管理。干部档案被纳入综合档案室管理的单位，其干部档案要固定专人管理。"

我国人事档案工作，目前仍实行分块管理，干部档案工作的领导与指导，由各级党委的组织部负责。企业职工档案工作由所在企业的劳动职能机构负责，接受劳动主管部门的领导与指导。学生档案工作由所在学校的有关部门负责，由教育主管部门领导与指导。军人档案工作由各级政治（干部）部门负责领导与管理。除军人档案工作外，上述三项档案工作均已纳入全国档案工作管理体系，由各级档案行政部门，按《中华人民共和国档案法》等有关规定，进行宏观管理和协调工作。

3. 人事档案工作人员的素质

人事档案工作人员在人事档案建设和管理工作中承担着十分繁重的任务，应具备较高的政治素质和业务素质。为此，《条例》对人事档案工作人员提出以下要求：

（1）坚持四项基本原则、认真学习马列主义、毛泽东思想和党的各项方针、政策，努力提高政治思想水平。

（2）热爱本职工作，忠于职守，刻苦钻研业务，提高业务水平和工作能力，积极为人事工作服务。

（3）严格遵守《中华人民共和国档案法》和保密规定，保护档案的安全，不得泄露档案内容。

（4）坚持原则，严格按照档案管理工作的各项规章制度办事。

（5）工作调动时，必须做好档案和档案材料及业务文件等的交接工作。

《条例》提出的以上要求，全体人事档案工作人员都必须严格遵守，模范执行。人事档案工作干部要刻苦学习，积极钻研业务，努力提高自身的政治素质、完善职能结构，适应人事工作和人事档案工作发展变化的需要。

二、人事档案管理的业务内容

（一）人事档案的收集

1. 人事档案收集工作原理

人事档案收集工作应依据如下基本工作原理来进行：

一是过程控制与结果控制原理。人事档案的管理主体有责任明确人事档案管理的业务工作流程，合理选择控制节点，清楚描述每个节点应形成的人事档案材料的种类和内容要求。人事档案的管理主体应重视结果控制，做好日常接收材料的审核工作，保证材料的"合规性"真实性和可靠性。

二是精细化管理原理。注意细节，保证材料的真实性、完整性。确保人事档案作为人力资源管理工具的有效性，防止用人失察、用人失当、用人失误等问题的发生。

三是动态化管理原理。人才流动服务机构应加强与人员及其现所在工作单位的联系，做好档案材料的收集工作，不断充实人事档案的内容。值得注意的是，人事档案是一种动态性和延展性很强的专门档案，它会随着人员的成长而生长。管理人事档案的机构必须按照人事档案的形成规律和特点，不断补充相关人员的记录材料。

2. 人事档案收集工作的要点

人事档案收集工作需要注意的问题主要包括以下七点：

第一，材料必须是办理完毕的正式材料。

第二，材料必须是真实、完整齐全、文字清楚、对象明确、写明承办单位或个人署名的材料，有形成材料的日期。

第三，必须是手续完备的材料。对于考察任免等材料，必须注明批准机关名称、时间和文号。

第四，档案材料最好统一使用 A4 规格的办公用纸，材料左边应留 2～2.5 厘米装订边。不得使用圆珠笔、铅笔、红色及纯蓝墨水和复写纸书写。除电传材料需要复印存档外，一般不得用复印件代替原件存档。

第五，注意相对人基本信息的收集和补充，包括身份证复印件、联系方式（本人及亲属）信息、供职单位信息等。

第六，注意履行告知义务，消除相对人的误解，提供服务指南和帮助信息。需要告知的事项包括：人事档案与相对人切身利益的关系；人事档案相对人的义务；用人单位的责任与义务；人事档案管理机构的服务项目和工作流程等。

第七，注意制度建设，强化规范化管理。坚决做到档案不合格的不接收，材料不符合要求的不归档。

（二）人事档案的归档

1. 人事档案材料归档的范围

做好收集工作，首先应明确收集什么。依据中共中央组织部制定的《干部人事档案材料收集归档规定》的精神。人事档案材料的归档范围包括调配、任免、考察考核材料，录用材料，办理出国、出境材料，各种代表会材料，工资待遇材料，学历和评定岗位技能材料，职称材料，加入党团组织材料，政审、考核材料，奖励与处分材料，履历、内传、鉴定材料，科研材料，残疾材料，其他材料。

2. 人事档案材料归档的要求

（1）必须是办理完毕的正式文件材料。

（2）材料必须完整、齐全、真实、文字清楚；对象明确、写明承办单位及时间。

（3）手续完备。凡规定应由组织审查盖章的，须有组织盖章；凡须经本人见面或签字的，必须经过见面或签字。

（4）档案材料须统一使用 16 开规格的办公用纸。

（三）人事档案的保管

人事档案的保管范围，是依据统一领导、分级管理，管人与档案相一致的原则确定的。合理划分人事档案的保管范围，是统一领导、分级管理的原则落在实处的举措，有利于人事档案的科学保管、转递和利用工作的顺利进行。

我国人事档案的管理体制，是与干部的任免权限相一致的，干部由哪一级任免，工人由哪一级招收，档案就由哪一级管理。任免权限改变了，人事档案的保管也随之改变，做到"人档统一"。如果两者脱节，组织上一旦要了解该人的情况，会因找不到相应的档案而影响对其了解和使用；该归档和补充的档案材料，不能及时归档和补充。如若保管范围混乱，人事档案部门积压的人事档案就不能发挥作用。

（四）人事档案的转递

人事档案工作是为人事工作服务的，只有对人员的管理和人事档案管理相一致，才有利于发挥人事档案的作用。做好转递工作是保持管人与管档案相一致的有效措施；是保证人事档案工作及时为人事工作服务的必要条件；是维护人事档案的完整与安全的一项重要业务建设，也是人事档案部门接收人事档案和充实档案内容的重要途径之一。

1. 转递工作的要求

（1）及时。为避免管人与管档案脱节，发生有人无档或有档无人的现象，必须及时转递人事档案。中共中央组织部下发的《转递干部档案材料的通知》中明确规定：干部档案材料应于干部调走三天内转走，不得积压。人事管理部门在员工提升、调动、转业、复员、离休、退休的决定或通知下达后，应及时抄送或通知人事档案部门，以便续填职务变更登记表和转递人事档案。

（2）准确。转递人事档案必须以任免文件或调动通知为依据，在确知有关人员新的主管单位后，直接将人事档案转至该人新的主管单位。不要把人事档案转到非人事主管单位的上级机关或下级机关，更不能盲目外转。

（3）安全。转递人事档案工作，应确保人事档案材料的绝对安全，杜绝失密、泄密和丢失现象。转递人事档案只能用机密件通过机要交通转递，也可由转出或接收单位派专人送取，不准本人自带，不得以平信、挂号、包裹等形式公开邮寄。凡转递人事档案，均应密封并加盖密封章，详细填写统一的"人事档案转递通知单"，确保其绝对安全。

2. 转递人事档案的原因及方式

转递人事档案的原因有：员工职务变动（提拔、免职、降职）改变了主管单位；员工跨单位、跨系统调动；员工所在单位撤销或合并入新单位；干部任免权变化与人事管理范围的调整，人事档案的管理范围也进行相应的调整，员工所在单位的隶属关系发生变动；干部进入院校学习毕业后统一分配，中专、高等院校毕业生分配工作；军队干部转业到地方安置或复员；员工离休、退休后异地安置；员工辞职、退职、开除公职、刑满释放、解除劳教后重新就业的；员工死亡后，按规定应向相应档案馆（室）移交的；"无头档案"查到下落，形成人事档案材料的单位需要向主管单位人事档案部门移交的；等等。遇有上述情况者，应按规定转递其人事档案。

转递人事档案的方式主要有零星转递和成批移交。零星转递是指日常工作中经常的、数量不大的人事档案材料及时转递给有关单位，这是转出常用的主要方式，一般通过机要交通来完成。成批移交主要是指管档单位之间数量较多的人事档案的交接，经交接双方商定，由接收单位或移交单位派专车、专人到移交（或接收）单位取送，若移交与接收单位相距太远，则通过机要交通转递。

3. "无头档案"形成的原因及处理

"无头档案"是由于不知员工去向而积存在人事档案部门的人事档案材料。"无头档案"长期积压在人事档案部门，既转不出去，又不能销毁，不仅不能发挥作用，而且还需要花费人力、物力去管理，无疑是一种浪费。员工的主管单位由于有人无档，增加了对员工考察了解的难度，影响对员工的培养、选拔和使用。因此，人事档案管理部门既要重视对已有"无头档案"的处理，又要防止产生新的"无头档案"。

之所以有"无头档案"主要是由于档案人员不稳定，制度不健全，档案工作与人员调动、任免工作脱节，转递不及时、不准确、不彻底等因素造成的。员工已经改变了主管单位，没有及时转递人事档案做到"档随人走"，使人与档案脱节，时间久了，情况一变再变，人员去向不明，而形成了"无头档案"。转递时，对接收单位名称不清楚或书写不准确，接收单位收到后又未仔细查对，误收误存，久而久之，人档脱节，找不到档案当事人下落。人事档案材料的收集、归档不及时，或对收集来的零散材料没有及时整理，而转递人事档案时，只转走整理好的，余下的零散材料，时间一长就转不出去，形成了"无头档案"。

对"无头档案"处理的主要方法是：先对"无头档案"清理鉴别，分清有无价值。无价值的档案，造册登记，报领导审核批准后予以销毁。有价值的档案，详细登记，积极查询该人的主管单位。必要时人事部门印发被查询员工基本情况名册，发至各地人事部门广为查找，经过多方查询实在无下落者，可将有价值的材料，转至当事人原籍的县一级组织、人事部门代为查找，或移交县档案馆保存。

（五）人事档案的查阅

查阅人事档案总的原则是：宽严适度，内外有别，灵活掌握，便于利用。就利用者而言，由于人事档案是人事工作的重要依据和工具，组织、人事、劳动部门利用档案应从宽，其他部门利用档案应相对严一些。就利用范围而言，高级干部、中级干部、有贡献的专家、学者和有影响的知名人士，以及机要人员的人事档案，提供利用时从严掌握，严格审批手续，对一般干部、工人、学生的人事档案，利用范围可从宽一些。

根据有关规定，员工的主管单位，组织、人事、劳动、纪检、监察、保卫、军法、检察等部门，凡因人员任免、调动、升学、提拔、出国、入党、入团、福利待遇、离休、退休、复员、转业、纪律检查、组织处理、复查、甄别、治丧等，要了解该人的情况，可以查阅和借用人事档案。其他单位不得直接查阅和借用人事档案，如确因工作需要，须办理手续。

三、人事档案数字化的实践与探索

大数据时代，为提升人事档案管理质量和效率，各地各部门纷纷利用档案数字化技术来管理和开发人事档案信息资源，将纸质、胶片等人事档案数字化，通过建立人事档案数据库、人事档案数据化目录等，实现人事档案高效管理和优质开发利用。

（一）人事档案数字化概述

为顺应数字时代的发展需要，满足人事制度改革发展的要求，需要通过数字技术、互联网技术、大数据技术等信息技术最新成果的运用，重构人事档案管理内容、模式，实现以档案实体为中心的管理模式向着以档案信息为中心的管理模式的转变。

人事档案数字化的主要内容：一是将传统纸质、胶片等载体的人事档案资源转化为计算机读写的、用表示的二进制代码，并将其存储于光盘、磁盘等存储介质。二是建立数字化档案检索目录工具，以及档案全文数字化。三是将人事档案数字化信息资源用计算机表示为结构化、半结构化形式，并将其存储于数字化人事档案数据库。四是构建人事档案数字化信息管理系统，并利用局域网或互联网实现档案数字化管理、服务及共享。五是建立人事档案数字化目录。根据人事档案管理规定或规范、标准及要求，建立若干层级的人事档案管理目录，便于检索及查询。

人事档案数字化工作规则：自 1996 年国家档案局成立电子文件档案研究领导小组始，人事档案数字化领域陆续颁布和出台了《干部人事档案数字化技术规范》《电子文件归档与电子档案管理规范》《电子档案单套管理一般要求》《电子档案管理系统基本功能规定》《档案数字化外包安全管理规范》等法规、规范及标准，为人事档案数字化建设提供了基本规则。为此，中组部还专门在全国率先部署实施了组织系统干部人事档案数字化工作。

人事档案数字化工作机制：根据人事档案管理特点，以及数字化实践要求，在实践中逐渐探索出符合人事档案数字化基本原则、管理规则等。人事档案数字化要坚持真实性、完整性、可用性、完整性原则；人事档案数字化业务流程；人事档案数字化监督和控制机制；人事档案数字化过程质量、安全性执行及可用性保障机制；人事档案管理所要遵循的依法管理、分级负责、集中管理、方便利用、安全保密等一系列管理体制机制要求。

（二）人事档案数字化意义

人事档案详细记录了人员的能力、学历、经历和政治品质等信息，做好人事档案管理，也是人力资源科学管理，激发人才资源优势，提升机关、企事业单位竞争力的现实需要。

第一，创新承载模式。传统人事档案管理主要依托计算机及人工模式，无论是人事档案资料的收集、整理、归档，还是后期的查询、检索和利用，整体效率较低，且难以全面掌握单位人事信息。将人事档案数字化，借助计算机信息技术、数字计算存储技术等，能够将各种原本承载于纸质中的人事信息，由磁盘、光盘和软盘等存储，并按照既定要求存储于人事档案数据库，人事档案信息分类更加精细、查询更加便捷、安全更有保障。

第二，丰富管理手段。传统人事档案管理主要依靠人工管理，管理的手段和方式相对落后。利用先进的数字技术、计算机技术和互联网技术，将采集到的人事档案信息存储于人事档案管理系统，完全实现人事档案数字存储、数字查询和数字管理，无论是信息录入还是检索查询都更加便捷，管理的手段朝着更为智能化、自动化、信息化方向发展，管理手段更加丰富多样。

第三，提升决策水平。人事档案具有重要的参考价值，通过机关人事档案信息的分析，能够准确掌握现有人员的数量、类型、年龄结构、专业结构、工龄结构、性别结构。通过这些重要人事档案信息资源的分析研判，可掌握单位已有人才结构情况，为做好人才培养、选拔、任用，以及新进人才的招录等提供参考，提供更为精准、科学的决策依据。

第四，发挥人才优势。人才是 21 世纪最宝贵的资源。人才资源是第一资源，人才优势也是最大优势。传统人事管理逐渐朝着人力资源管理方向转变，也更加注重人才资源开发和利用。通过人事档案数字化管理，可以精准且全面地分析现有人才资源的结构，为单位使用人才、激发人才内生动力和创造力提供第一手重要信息资源，从而将人力优势转化为现实的人才优势。

（三）人事档案数字化实践

1. 转化前：做好数字化准备

（1）全面摸底。人事档案数字化工作，首先的一步是要全面摸清底数。掌握人事档案数字化的具体规模和数量，各种馆藏人事档案的具体类型，以及不同类型人事档案的具体馆藏情况。具体来说，可根据不同分类标准进行摸底：按照人员结构，可分为离退休人员档案、专业技术人员档案、行政管理人员档案、工人档案；根据材料内容，可分为履历类、自传和思想类、学历学位/专业技术职务（职称）/学术评鉴和教育培训类。

（2）制订方案。人事档案数字化工作要制订具体的转化方案，方案包括人事档案数字化转化领导小组、转化时间、转化要求、验收标准。

（3）业务培训。在摸清人事档案底数以及制订人事档案数字化转化方案的基础上，要组织参与人员进行业务培训，培训的内容包括《干部人事档案工作条例》《干部人事档案专项审核工作实施方案》《干部人事档案审核缺件处理办法》，相关的人事档案数字化标准和规范知识，以及本单位出台的相应管理制度的学习，使参与人员熟练掌握人事档案数字化的标准和要求，统一人事档案标准、规范。

（4）设备保障。人事档案数字化专业性较强，既可选择外包，由第三方专业机构协助完成，也可由人事档案管理单位根据实际，自行完成。无论是选择外包方式，还是独立完成，都要配备相应的计算机、人事档案方面管理软件等，为人事档案数字化打下扎实的基础。

2. 转化中：做好数字化质控

（1）确定转化方式。人事档案数字化转化的方式主要为扫描仪扫描。在选择该种转化方式后，要选择相应的扫描仪。针对人事档案篇幅较小，馆藏时间久远且纸质薄脆等特点，选择平板扫描仪，既可降低数字化成本，也能够更好地保护原始人事档案资料。在扫描薄脆、年代久远纸质人事档案更具优势。

（2）明确转化标准。在确定人事档案数字化转化方式后，需要进一步明确数字化转化的标准和格式。具体来说，就是要根据《干部人事档案数字化技术规范》《平板式扫描仪通用规范》，设置数字化扫描亮度、对比度、分辨率、色彩以及格式。

（3）严把转化质量。转化过程中要严把质量关，具体来说，既要确保数字化扫描后的档案信息与纸质档案信息一致，确保数字档案信息的完整性、真实性和准确性。重点要把好人员建库、信息采集、数据录入、数字化加工等环节质量关，并建立档案数据复核制度，确保人事档案数字化后存储的档案信息准确无误。

3. 转化后：做好数字化管理

人事档案数字化管理涉及已归档人事档案的数字化，以及新产生人事档案的数字化管理。前者，需要遵循转化前、转化中的各项要求，做好传统人事档案的数字化管理。后者，则注重源头新生成人事档案的数字化管理。重点是要做好人事履历表、登记表等纸质载体的电子版本存储，利用办公 OA 系统，实现办公自动化与档案存储系统无缝衔接，保证新增电子档案及时归档，借助电子签名技术保证其真实性、完整性。总之，无论是传统人事档案转化为数字化档案，还是新增数字化人事档案，都要严格信息管理，利用信息加密技术、区块链技术、身份认证技术、密码保护等，确保人事档案管理的安全性。

（四）人事档案数字化的思考

第一，明确信息加工标准。单位人员结构复杂，既有公务员编制，也有事业编制，还有临时聘用工勤人员，这些人事档案数字化加工的范围和标准缺少相应的规定和依据。为此，要立足用人单位自身实际，科学选择人事档案数字化加工范围，并制定统一的《人事档案数字化整理分类标准》，结合《干部人事档案工作条例》的具体规定，将人事档案资料进行科学分类，并详细制定机关单位《人事档案数字化著录质检标准》《数字化加工成品验收标准》，并根据单位人事档案利用频率，确定数字化重点材料，如聘用合同、退休材料、职务任免材料等。

第二，科学系统模块选择。人事档案数字化涉及系统模块、档案整理模块、档案加工模块等，每一模块承担的功能存在较大差异，应科学合理做好选择。其中，系统模块是整个单位人事档案管理系统的核心，在条件允许的情况下，应立足单位自身实际，邀请第三方专业机构协助进行开发、设计。按照系统层、管理层和应用层，科学配置不同层级的功能。具体来说，可将档案系统模块分为人事档案收集、管理、利用、数据信息管理、系统管理五大板块，对接人事档案管理相应流程。整理模块则应涵盖档案著录、扫描，以及破损纸张托裱修复。加工模块则是确保扫描后的人事档案实体与电子文件，以及卷内目录与电子文件一一对应。

第三，强化信息安全保障。安全是人事档案数字化始终需要考虑的。为此，一要谨慎选择第三方。对于馆藏人事档案资料较多，自身无法完成数字化的单位，应委托第三方专业机构，且应是具有开展档案数字化资质及经验的专业机构。在进行数字化档案转化前，应签订保密协议。二要加强人员管理。从事人事档案管理工作的人员要始终绷紧安全保密这根弦，严禁使用手机、相机等设备拍摄人事档案，严禁未经允许查询、传输人事档案信息。三要完善规章制度。根据人事档案管理实际，制定人事档案借阅、归还、出入库若干规定，确保档案利用环节人事档案信息安全。四要加大投入力度。根据数字信息技术的发展，以及人事档案数字化安全管理的实际需要，实时添加安全设备，升级安全软件，搭建防火墙等，安装档案库房监控设备，并将视频数据保存。

第四，及时录入新增材料。随着人事制度改革的深入，人员流动性更强，要及时做好新增档案、新增材料的数字化录入。尤其是人事档案，有其自身的特殊属性，存在着"档随人走"的现象，即人事档案会随着人员流动而流动，卷内资料也会随之发生变化。而新增材料则是由档案托管部门数字化加工而产生，系统中尚不具备增补材料的功能，且增加人事档案的技术难度大，成本高。对此情况，可在系统开发之初，在传统的十大类人事档案基础上，增设"新增材料"子系统，这样可在不改变原有人事档案存储模式的基础上，根据后期需要，在"新增材料"栏目中查询到所需的档案信息。

总之，做好人事档案数字化工作，既是适应新时代数字技术发展的现实需要，也是推动人事档案转型升级的迫切需要。作为人事档案管理部门，要顺应时代发展的现实需要，善于借助先进技术，实现技术与档案管理深度融合，促进人事档案管理更加优质高效，进一步发挥出人事档案助力干部教育培养选拔任用，激发机关、企事业单位内在动力的应有价值，不断提升单位科学化管理水平。

第四节　科技档案管理及数字化实践

一、科技档案概述

科技档案（科学技术档案）是保存备查的直接记述和反映科技、生产活动的科技文件。科技档案产生于工矿企业、高等院校、科研单位和设计部门，以及建筑施工、地质、测绘、气象、水文等单位。

（一）科技档案的特点

科技档案是档案的一大门类，且有自己的形成规律和特点。

第一，专业性。科技档案产生于各个不同的科技生产领域，具有各不相同的形成过程和规律，反映不同的专业性质和成果，其内容和形式有很强的专业性。

第二，成套性。科技生产活动的开展都是以一个独立的科技生产项目为对象进行的，如一个课题的研究、一个工程项目的设计和施工、一种型号产品的研发和生产、一个气象过程的观测等，围绕该项目的进行所形成的一系列相关的科技文件，记载和反映了该项目活动的全过程和成果，构成了一个密不可分的有机整体。

第三，现实性。其他文件归档后基本上完成了现行功能，而科技文件在归档后往往仍具有很强的现实使用性，并将在相当长的时期内继续发挥这种现行功能。

（二）科技档案的重要作用

科研档案是由记录科学技术活动全过程的文件材料组成的，是科学技术成果的主要载体，是重要的技术资源，也是一种潜在的生产力，在社会经济发展中有着非常重要的作用。

第一，可以使科学技术资源得到继承和发展，促进科学技术不断进步。科技档案管理对于科学技术的发展发挥着重要的作用。科学技术的发展是在前人进行的科学研究、生产建设开发等工作的基础上进行继承和创新的，科技档案是在进行科技活动的各阶段、各环节中产生的具有保存价值的科技文件资料，反映了完整的科技活动过程。通过高效利用科技档案，可以使档案中的科研数据、科研成果等为现代化的生产管理、技术升级、技术创新提供有效依据，发挥其应有的利用价值，使先进的科学技术资源得到高效利用，避免造成重复研究和信息资源的浪费，有助于不断促进科学技术的发展。

第二，可以促进生产力的发展，为社会经济发展提供助力。科技档案是科学技术成果信息的载体，科学、高效地在科技、生产活动中运用科技档案可以使其转化为生产力。首先，科技档案是进行研发、生产、工程建设等科技活动的重要依据和凭证，是广大科技工作者智慧的结晶。通过科学利用科技档案管理，可以为科技工作者提供宝贵的科研资源，从而高效开展后续的科技活动。其次，科学研究是需要继承和吸收前人的科学成果，在此基础上进行研发和创新，避免走弯路，减少不必要的失误和重复劳动，科技档案的开发和利用就是为了生产力的发展而服务。最后，通过高效开发科技档案信息资源，可以利用已有的科技成果在生产活动中提高产量和质量或降低成本、能耗，在科技研发中创造出更先进的科学技术，促进经济社会的发展。

第三，为科学技术史的系统研究提供宝贵的史料。科学技术史的研究需要对科学的理论和技术的原理进行理解分析，这就要接触一些科学理论著作和原始科技档案资料。科技档案真实记录了生产、科研等活动的全部过程，因此科技档案也是非常珍贵的研究科技史的历史资料。通过利用科技档案，可以厘清科技成果发生的时间顺序，建立科技成果之间的关系，描绘科技发展的前景。科技档案管理使得这些珍贵的资料得以完整、系统地保存下来，在科技发展的过程中得到逐步积累，为科学技术史的研究提供了宝贵的资料资源。

二、科技档案管理的业务内容

（一）科技文件的积累和整理

科技文件的积累、整理是科技档案管理的基础工作，对于保证科技档案的完整、准确、系统具有重要意义。科技文件的积累和整理，应在档案部门的指导、协助下，由科技业务部门负责承担，成为科技人员的本职工作。

1. 科技文件的积累

科技文件的积累工作，贯穿在从科技文件形成、流通到归档前的全过程，是贯穿科技生产活动始终的工作。这既是科技档案工作的需要，也是科技管理工作的要求。

科技文件积累的一般方法有以下三个方面：

（1）科技人员个人积累。即科技人员个人将自己在科技生产活动中形成的科技文件自行积累。具体做法是：由部门领导或科技项目负责人下达积累工作的要求，科技人员按规定进行具体的积累工作，并将积累文件的数量、内容等进行登记，在适当的时候交由部门或科技项目组的兼职资料员统一整理立卷归档。

（2）兼职资料员积累。即在科技生产部门或科技项目组设立兼职资料员，由兼职资料员负责日常科技文件的积累和管理工作。

（3）科技档案部门积累、保管。基层科技档案部门也负责某些类型的科技文件的积累、保管工作，主要是产品或工程设计的底图、蓝图。因为，产品或工程设计的底图、蓝图，在一般情况下，数量较多，且须复制、传递，为便于管理，一般由科技档案部门暂时保管，待产品定型或工程设计完成后正式归档。

2. 科技文件的整理

归档的科技文件应经过系统整理，组成案卷。组织案卷是科技文件整理工作的核心内容，这项工作由有关的科技部门承担，科技档案部门履行监督、指导的职责。

（1）科技文件的立卷

科技文件的立卷就是将一组内容上具有有机联系的、数量适度的、价值和密级基本相同的科技文件组合在一起，形成一个保管单位。保管单位的形式有卷、册、袋、盒等。科技文件的立卷工作具有很强的技术性，不同种类的科技文件应采用不同的立卷方法。

按结构立卷：即根据产品、设备的结构，按其内部的不同组成部分，将科技文件分别组成案卷。如机械产品，可按其组件、部件、零件等结构分别组成若干案卷。

按子项或子课题立卷：即根据基本建设工程的子项或科技研究课题的子课题将科技文件分别组成案卷。如某学校的基本建设工程由行政楼、教学楼、实验楼、学生宿舍、图书馆等子项构成，各子项的科技文件即可分别组成案卷。

按工序或阶段立卷：即根据科技生产活动的程序或工作过程，把反映不同程序或过程的科技文件分别组成案卷。如工艺文件可按加工的不同工序分别组成案卷，科研、设计文件可按科研、设计的不同阶段分别组成案卷。

按专业立卷：即根据科技文件内容所涉及的专业分别组成案卷。如一个机械产品的工艺文件，可按铸造、锻造、热处理、焊接、电镀、油漆等不同专业分别组成案卷。

按问题立卷：即根据科技文件反映的不同问题分别组成案卷。如某项综合调查或考察、某个专业讨论会，可按调查或考察、讨论中的不同问题将科技文件分别组成案卷。

按名称或文件性质立卷：即根据科技文件的不同名称或不同性质分别组成案卷。如设计任务书、计算书、说明书、工程预算或决算、学位论文等可按名称分别组成案卷，或将科技文件按不同性质如原始基础性文件、中间过程性文件、成果性文件分别组成案卷。

按地域立卷：即根据科技文件所反映或形成的地域特征分别组成案卷。如地质勘探文件、地形测量文件和水文、气象观测等文件等均可按地域组成不同案卷。

按时间立卷：即根据科技文件所反映或形成的时间特征分别组成案卷。如自然现象观测活动中形成的文件，可按不同时间分别组成案卷。

按作者立卷：即根据科技文件形成的不同作者分别组成案卷。如将不同专家形成的考察报告、论文、专著手稿等分别组成案卷。

（2）卷内科技文件的排列

卷内科技文件的系统排列也是组织案卷的一项工作内容，其目的是更好地保持和正确反映卷内科技文件之间的有机联系，便于日后的管理和查找利用。

按科技文件目录或编号顺序排列：科技文件中的图样，一般在形成时已有图纸编号和图样目录，这些图号或目录本身就反映了图样合乎实际的排列顺序。因此，按目录或编号排列的方法对图样的排列是非常适用的。对没有目录或编号的图样，机械产品图样可按隶属关系排列，如按照总图—组件图—部件图—零件图顺序排列，如是按组件立卷则可按照组件图—第一部件图及其所属零件图—第二部件图及其所属零件图—……—直属组件的零件图排列；基本建设工程图样可按总体和局部关系排列，如按照总体布置图—系统图—平面图（或立面图、剖面图）—大样图等排列；地形测绘、测量图样可按图幅比例排列；地质勘探、地震观测图样可按地区特征排列；自然现象观测图样可按时间顺序排列等。

按科技文件特征排列：卷内科技文件如果单纯是文字材料，则可按其重要程度、问题、时间、作者、地区等特征排列。按重要程度排列，就是按照科技文件的重要程度依次排列，重要的在前，次要的在后；按问题排列，就是先将科技文件按不同的问题分为若干部分，然后再按此问题与彼问题之间的逻辑关系进行前后排列；按时间排列，就是按照科技文件形成的时间或其内容所反映的时间进行排列；按作者排列，就是将科技文件按作者进行划分后，再结合其他特征如时间先后等进行排列；按地区排列，就是按照科技文件形成的地区或其内容所反映的地区，并结合其他特征进行排列。

凡文字材料和图样混合立卷的，如果文字材料是对整个对象（如产品、工程、课题）或整个案卷（如部件、专业等）或多份图样进行的总说明，则文字在前，图样在后；如果文字材料只是对卷内某份图样进行补充或局部性说明，则图样在前，文字在后。

（3）案卷编目

案卷编目，是以案卷为对象，通过一定的形式固定案卷系统整理的成果，揭示案卷内科技文件内容与成分的工作。案卷编目的内容包括编页号、填写卷内科技文件目录和备考表、填制案卷封面和脊背标签等。

（二）科技档案分类

1. 科技档案分类的要求

第一，要符合档案形成专业和形成单位科技活动的性质特点。专业不同、单位类型不同，形成的档案种类、内容构成也不尽相同。例如，机械、化工、纺织、冶金等系统形成的科技档案差别较大；一个专业系统内部不同类型的单位之间，因为分工不同，科技活动不同，档案也存在较大差异。因此，在进行分类时，必须针对科技档案形成的实际情况，选择适宜的分类方法。

第二，在一个单位内部或一个专业系统内部，同一层次的科技档案分类标准应当一致。科技档案的分类是根据某种特性、特征或关系而划分类别的。由于科技档案存在多种特性和特征，如时间、内容、地域等特征，结构关系、工作程序、专业性质等联系，因此，分类标准是多种多样的，但是，在一个单位内部，同一层次之间只能采用一个分类标准。例如，某建筑设计院对于工程设计档案可以采用按项目分类，也可以采用按专业分类，但是，在具体的分类中，就应当或者按项目分类，或者按专业分类，而不能在同一层次上既有项目分类，又有专业分类。交替使用分类标准将导致档案整理的混乱，故必须杜绝交叉分类。

第三，分类成果应当"固化"。对于一个单位档案的分类，必须在确定类别前，对本单位的全部档案（包括科技档案）进行准确系统的研究，在划分类别后，应当保持相对固定、稳定，不要随意更改，否则将造成严重后果，如增加重复劳动、增加营运成本、降低利用效率。

2. 科技档案实体分类

科技档案实体分类重点在于编制科技档案分类方案，即通过文字、数字、代号和图表来表现科技档案的类目体系及其纵向和横向的关系。借助这个分类方案，可以使本单位科技档案的归属脉络清晰，一目了然，能掌握一个单位科技档案的基本情况。分类方案的编制应与本单位科技文件的分类方法协调一致。

（1）科技档案分类方案的编制规则

第一，分类方案类目体系的可包容性。分类方案应能包容全部内容，使每一种科技档案、每一份科技文件都能够在分类方案的类目体系中找到自己应有的位置。同时，分类方案还要预测本单位在一定时期内科技档案的发展情况。

第二，分类方案类目体系的严整性。分类方案类目体系的纵向关系开展和横向类目排列应符合分类规则。分类方案的类目体系是由各大类和各级属类构成的反映类目之间关系的分类系统，体现了一种层次关系，它表现在纵向和横向两个方面。从纵向来讲，类目体系表示大类以及由其逐级展开的各级属类之间的从属关系，类似于总体和部分的关系。例如，科技档案的一个大类包含若干较小的类，一个较小的类又包含更多更小的类，以此类推。从横向来讲，类目体系表示各级同位类之间的关系，并用平行排列的方式表达同位类之间的并列关系。同位类既有大类间的同位类，也有属类（包括各级属类）间的同位类。

第三，分类方案类目体系的相对稳定性。在一个单位内部，科技档案分类方案必须保持长期的相对稳定性，不宜经常地或频繁地更改分类方法和分类体系。

第四，科技档案分类方案的结构严谨性。科技档案分类方案的结构包括分类表、说明、代号和索引。

（2）科技档案分类方案的编制步骤

第一步，划分大类，确定类列。根据科技档案的基本种类设一级类目，有多少种科技档案，就设多少个一级类目。如生产、设备、基建、科研、产品等一级类目的设置。

第二步，划分属类，形成类系。在每个大类中，根据科技档案的内容构成和形成特点，按照已确定的分类标准和形成特点，设置相应的上位类和下位类（属类、小类），形成不同类别层次，构成一个完整体系。

第三步，确定类列排序。大类之间不是随意排列的，应突出科技档案的主体。例如在工厂，产品档案是主体；在设计单位，设计档案是主体；在地质部门，地质档案是主体。应把反映主体的科技档案放在大类之首。

第四步，明确代字、代号。给每级类目一个固定的类目代字或代号，用英文字母或阿拉伯数字。

第五步，制成文件或图表。把由类列和类系组成的类目体系用方案叙述方式或图表表达方式表达出来，形成完整的科技档案分类方案。

第六步，撰写分类方案的编制说明。编制说明即指出编制的依据、分类标准、类目代字和代号的使用方法等。

（三）科技档案的提供利用

科技档案的提供利用，是指科技档案部门采用多种有效的方式，直接提供科技档案及其信息加工材料，及时、准确地满足利用者的需求。

科技档案提供利用的方式如下：

1. 借阅

开展科技档案借阅，是科技档案部门提供利用的基本方式，包括内部借阅和外部借阅两种形式。内部借阅是指本单位科技人员借阅档案，其借阅方式有阅览和借出两种。外部借阅是指在某些特殊情况下，外单位因工作需要可暂时外借，但这种外借应有严格的制度规定并办理相关手续。

2. 复制供应

复制供应是指以晒印蓝图、静电复印件、缩微胶卷（片）等复制材料为利用者提供利用服务。它是科技档案提供利用的一种重要形式，包括对内复制供应和对外复制供应两种。

3. 科技咨询

科技咨询是指科技档案部门以科技档案为依据，通过综合、分析、研究科技档案信息，为利用者解答有关科技档案状况或有关科学技术内容的一种服务方式。

4. 陈列展览

陈列展览是指把科技档案中的一部分，按照一定的专题予以陈列展出，让科技人员自行阅览，获取其所需科技档案信息。

5. 信息交流

信息交流是指科技档案部门通过印发目录和编辑出版编研成果，报道和交流科技信息。

三、科技档案的数字化发展与实践

科技档案数字化能适应现代社会对档案管理和利用的智能化、信息化要求。科技档案的数字化工作是在大数据环境下实现科技档案革新的重要一环，因此，想要做好科技档案的管理工作，必须借助信息化技术实现档案数字化。与此同时，通过科技档案数字化实践，总结档案数字化管理和实践的经验，为科技档案数字化的长足发展、科技档案信息化利用，以及数字档案馆建设提供思路，进而为相关领域提供信息的参考和支撑。

具体来讲，科技档案数字化是指利用现代数据库技术，对科技档案进行电子化处理，处理过程采取高速扫描技术手段，将纸质档案低损耗地扫描成电子档案，录入数据库。从档案利用角度来讲，科技档案数字化实现了利用方式的革新，将传统的查阅利用纸质档案的方式转化成线上查阅电子版档案的方式，并且充分利用信息化设备和技术提高档案检索的智能性和查找借阅的效率。

（一）科技档案数字化发展的必要性分析

传统的科技档案主要以纸质为载体的形式出现，虽然纸质的科技档案有着较的原始性强，档案资料完整齐全，但是由于纸张墨迹随着时间的流逝容易出现损坏痕迹且占地面积巨大，保管环境与保管条件有限，存在不耐久、不便捷等问题，因此，需要将纸质科技档案转化为数字化管理。科技档案数字化又称数字化加工或数字转化，能将存储在传统纸质载体上的档案转化为以数字形态存在的数据信息。在大数据环境下，数据整合和分析利用正成为趋势，同时，随着电子政务、电子图纸等新技术的推行，科技档案的电子化呈现形式逐渐普及和多样化，并具备纸质档案所不具备的全文检索、模糊检索、关联检索和智能推送等功能优势。因而，科技档案的数字化发展尤为必要，这既是信息时代发展带来的社会需求，也是档案实现现代化的必然要求。但档案数字化也带来了归档电子文件的安全性问题，因此，科技档案的管理在考虑引入数字化技术手段的同时，也要注重档案信息安全保障，这既是科技档案信息化发展的底线，也是红线。

1. 将科技档案管理过程进行计算机化

科技档案的管理过程包括整理、利用、统计等。首先，以建立完整的档案管理系统为前提，在对科技档案进行整理归档、分类排序的同时，将著录录入档案管理系统，著录要素要填写齐全完备，顺序要与纸质档案排列统一，便于后续档案数字化文件挂接系统的准确性，同时为档案利用环节多功能检索的开发打下基础。其次，应利用档案管理系统做好数据的统计和更新，便于档案统计工作的开展，管理科技档案管理过程的系统化可以进一步规范科技档案管理的流程，提高科技档案管理的效率。

2. 将科技档案的文件存储进行数字化

目前通用的存储介质有移动硬盘、光盘、云存储等，这些设备所需空间小，但储存容量极大，需要利用或修改档案资料时操作便捷，对科技档案的保管与储存提供了便利的条件。信息时代的来临使得计算机自动化办公成为主流，因此，数字化的档案也将是未来档案发展的主流模式。

3. 将科技档案的信息检索进行智能化

科技档案资料的查询和利用是档案管理工作的重要环节，档案信息检索是档案资源开发的基础操作，是发挥档案利用价值的第一步。传统的科技档案管理模式以归档分类为前提，只能进行固定分类依据下的简单检索，费时费力且结果单一。将科技档案信息检索进行智能化处理能有效改善检索方向与检索类别。以检索功能增设为例，在检索程序中设置智能分析功能，在查找科技资料时根据输入的信息分析用户需求，将相关资料全部整合输出，提高科技档案的全面率以及精准度。

4. 将科技档案的制度建设进行完善

将科技档案数字化后随之而来会出现数字信息不可靠，泄露风险高，档案完整程度不够等问题。为保障科技档案数字化后的整体价值和信息安全，应制定规范的档案管理措施，加强数字化信息的安全性。第一，修订完善现有制度，对档案的借阅以及销毁等程序制定严格保密协议，并根据不同的档案类型进行详细划分；第二，有针对性地对档案管理工作人员实行岗前培训与职业素养宣传教育工作，加大档案管理工作人员的法律法规学习，让其自觉遵守档案管理相关协议；第三，详细区分档案管理工作人员的岗位职责，包括但不限于档案室管理人员、临时工作人员等全体档案工作人员的责任，落实监督程序，保障科技档案数字化发展的有序进行。

（二）科技档案的数字化发展的不足

第一，职业素养较为欠缺，对科技档案管理工作不够重视。科技档案数字化的发展如火如荼，科技档案管理工作人员应正确认识科技档案的数字化发展，重视科技档案数字化建设工作。但从目前工作现状来看，部分人员的思想观念停滞不前，对新型工作模式的接受较为缓慢，不能理性地看待科技档案数字化的发展进程。同时，缺乏创新意识与专业能力和操作技术，对科技档案数字化长足发展的认知不到位，不重视这项工作。

第二，人才队伍不够完善，缺乏科技档案数字化复合型人才。科技档案的数字化过程不仅需要工作人员熟悉科技档案的管理工作，还需要工作人员掌握专业的信息技术与计算机自动化程序操作手段。然而，目前科技档案人才队伍整体素养有待提高，由于档案管理队伍存在平均年龄偏大的状况，因此部分年龄偏大的岗位人员对于信息技术操作的掌握不太熟练，难以适应最新的数字化流程，亟须吸收青年档案人才，以适应新的档案管理模式和新媒体的运用。因此，科技档案数字化发展亟须完善人力资源队伍，平衡队伍的人力配置，并注重引入复合型人才。

第三，数字化设备配置不全，科技档案数字化程序有待健全。科技档案数字化发展虽然倡导已久，但落实水平仍旧有待完善。一方面，这项工作表面上看似只有简单一环，实则需要多方面的技术支撑，因此不论是人力还是财力都耗费较大。但财政部门对这项发展的资金扶持力度有限，无法支撑专业技术人才的投入需求。另一方面，相关部门对科技档案数字化发展过程涉及的专业设备配备也不够到位，导致数字化过程中不可避免地出现一些问题，例如，数字化的电子文件达不到 OCR 识别的技术要求、重要信息丢失，非法程序入侵等情况。科技档案数字化是一项闭环的工作，因为这些问题的出现导致某个环节出现失误后将影响后续流程的正常进展，严重阻碍科技档案数字化发展。

第四，档案数字化管理不够安全，数字化信息存在泄露风险。在科技档案数字化建设过程中保障数字化信息的安全是重中之重。纸质科技档案在数字化转化过程由于任务量庞大，需要大量工作人员同时进行，会不可避免地出现细节上的纰漏，例如将类别归纳错误等问题，会给科技档案的数字化转化带来一定的影响。

部分档案管理部门对数字化管理不够重视，未建立完善的档案数字化管理机制，导致工作人员在数字化过程中不重视信息安全问题。信息时代虽然数据传输高速便捷，但带来的安全隐患随之增加，科技档案信息安全保密和信息系统等级保护工作需要提上日程。如果出现保密技术人员责任意识不强的情况，会导致科技档案信息外泄，给个人、社会乃至国家利益造成极大的损害。

（三）科技档案数字化发展的有效措施

1. 加强宣传教育工作，注重档案数字化管理

只有科技档案管理工作人员意识到科技档案数字化的重要意义，才能保证科技档案朝

着数字化方向发展。首先，相关部门可聘请专业法律从业人员向全体工作人员讲解档案法，提高工作人员守法意识。其次，定期组织科技档案数字化相关工作人员参加职业继续教育培训，大力宣传科技档案数字化的作用及重要性，把档案数字化作用传递到每一位工作人员心中，让其重视认可这项工作，凝聚全体工作人员意识，推动科技档案数字化发展迈上新的台阶。最后，让科技档案发挥应有的社会价值，服务于人民与国家。因此，采用多种形式的宣传教育工作，进一步加强科技档案数字化发展宣传力度，能有效保障工作人员提高对科技档案数字化发展的重视程度。

2. 加大人才建设工作，注重培训复合型人才

科技档案数字化人才队伍的建设是科技档案实现数字化发展的关键。对工作人员进行科学合理的专业技能培训能使其在工作开展的过程中发挥出专业优势，熟练进行科技档案数字化的操作，提高工作人员整体水平。

首先，应加强信息技术以及计算机网信息安全等方面的专业技能，邀请这一领域的专家前来组办座谈会，会议前通知各个人员整理出在科技档案数字化过程中遇到的疑难点，会议结束后留出有针对性的一对一答疑指导环节，帮助每一位工作人员解决不同的疑问。

其次，也可以采取走出去的培训方式，组织工作人员前往该领域的机构进行学习，互相交流探讨如何提高自身技术。

最后，应重视对青年人才的培养，青年人才具有创新意识，对各项技能掌握较快，能短时间内发展成复合型科技档案数字化人才，带领其余人员不断进步，提高团队的整体职业素养。

此外，对管理人员也应开展相应的系统维护培训活动，为科技档案数字化发展提供强有力的支撑。

3. 完善档案保障机制，确保所需资金投入

科技档案数字化发展若想得人力以及财力的支撑，就必须完善科技档案数字化发展保障机制，争取相应部门的政策倾斜，申请过程考虑科技档案数字化经费的长效机制，每年在固定期限内进行足量的划拨，加大对科技档案数字化发展的投入力度。同时，号召社会企业进行设备投资，提高设备的精度和速度，保障科技档案数字化过程不出现纰漏。最后，利用财政拨款时制定严格精细的使用制度，确保专款专用。

此外，工作人员应摆脱对科技档案数字化管理产生的误解，不拘泥于思维框架。将更多的现代化思维融入科技档案数字化建设环节，完善档案保障机制，全面创新科技档案数字化建设工作。遵循数字化科技档案建设基础原则，将新颖的方法融入其中。合理规划数字化建设投入资金，杜绝一味贪图数字化建设发展速度而进行盲目投资。

科技档案数字化建设需要科学技术与大量资金支持，科学技术与投入资金之间具有密

切联系。需要以资金支持为基础，为科学技术提供有力支撑。二者相辅相成、缺一不可，任何一方出现问题，均会阻碍科技档案数字化建设项目的健康持续发展。

4. 解决数字化技术性问题，建立联动机制

科技档案数字化发展需要各部门建立联动机制，建立合作关系，在加强自身数字化技术建设能力的情况下共同完成科技档案的数字化建设工作。在进行科技档案馆内整体网络搭建时，应及时安装系统的安全防范程序，对所使用的数字化系统进行身份加密处理操作，做好重要系统和数字信息的隔绝，同时，加快各部门的信息联动互通，如有必要，对相关档案及时进行更新。

第六章 图书馆档案管理工作的数字化发展探究

第一节 数字化背景下图书馆档案管理的对策

面对数字化时代背景，行业之间竞争压力也在逐渐地加大，同时也开始认识到提高自身综合能力的重要性，特别是对于我国图书馆行业来说，由于档案管理工作综合性比较强，传统管理方式已不能满足管理工作需求，反而会拉低整个管理效果，所以，我们应基于数字化转型背景制订可行性方案，进一步推动图书馆档案管理工作顺利展开，这不仅能够为图书馆行业发展打下良好的基础，也能够使其在数字化背景下健康蓬勃发展。

一、数字化背景下图书馆档案管理存在的问题

（一）档案管理意识相对淡薄

图书馆要想提高档案管理工作质量，要先提高内部人员管理意识，这样才能够满足数字化转型背景下所提出的具体要求，但是实际上，很多人员的档案管理意识往往比较淡薄，他们并没有认识到提高档案管理能力的重要性，从而制约了档案管理工作的开展，甚至有一些工作人员工作热情不高，这同样会使档案管理工作效率低下。本身档案管理工作量就比较大，然而由于工作人员思想意识的高低不同，他们普遍认为档案管理工作可有可无，没有意识到它的重要性，这就会阻碍图书馆档案管理工作的开展，也不利于行业未来发展。

（二）档案管理方式单一

随着图书馆经营范围的不断扩大，虽然在图书馆领导的引领下，越来越多的人了解到图书馆档案管理的重要性，但是，在实际管理过程中，档案管理方式单一制约了档案管理工作的高效开展，尤其是在当前数字化转型背景之下问题比较突出。本身档案管理工作所涉及的内容就比较多，我们必须创新管理模式来确保内部档案资料的完整性，但由于缺乏有效的档案管理方法，致使所采用的管理模式并不符合档案管理工作需求，管理模式落后会使档案管理工作出现混乱的局面，严重的话还会出现档案残缺不全等现象。此外，管理

方式单一也会使档案管理缺乏系统性和完整性，使档案工作问题频繁地出现。

（三）档案管理人员有限

行业的发展离不开人员的支持，而档案管理人员是否具有较强的工作能力，决定了档案管理工作的开展效率。所以，我们必须充实内部人员，并提高工作人员的档案管理能力，以此来促进档案管理工作的顺利开展。但是，当前图书馆档案管理中仍旧面临着很多问题，其中档案管理人员缺失问题比较突出，现有的人员也难以满足实际档案管理工作需求，而且管理者也没有认识到充实内部人员的重要性，致使档案管理工作困难重重，难以提高管理水平和质量。此外，由于图书档案管理工作量比较大，单纯依靠个人并不能够较好地完成，这就需要大量的管理人员参与其中来提高管理水平，但是实际上，大部分图书馆内部的档案管理人员往往人数比较有限，不能给档案管理工作带来帮助。

（四）档案管理水平有待提升

现如今，是科学信息技术飞速发展的时代背景，我们还应当运用先进的技术手段来展开管理工作，这样能够提高工作质量和效率，给自身带来更大的利润空间。但是，图书馆档案管理中面临着很多问题，其中档案管理水平不高直接阻碍行业发展，本身图书馆随着经营范围的不断扩大，档案管理工作量也在逐渐地增多，单纯依靠管理人员管理并不能够获得良好的管理效果，我们要通过运用技术手段辅助作业，以此提高档案管理工作的效率，但是很多管理人员也没有认识到加强信息化建设的重要性，直接拉低了档案管理水平。

（五）档案管理制度有待健全

任何行业的发展都需要规章制度的支持，制度的确立是为了约束各级人员行为举止，能够尽职尽责做好分内事，但是当前图书馆档案管理工作效率并不高，这是由于相应的管理制度处缺失所致，致使部分工作人员也没有尽职尽责地做好分内事，同时责任心也不高。此外，虽然部分图书馆设立了相应的档案管理制度，但是制度内容上也存在着较大的漏洞，再加上各级人员没有严格按照制度内容来工作，也会使所设立的制度流于形式，未能发挥出其关键性作用，久而久之，就会导致档案管理工作受到影响，尤其是在如今数字化时代背景下，需要我们及时采取措施处理，只有这样才能够带动图书馆健康发展。

二、数字化背景下图书馆档案管理问题的解决

（一）不断提高档案管理意识

近几年来，随着数字化信息时代的到来，为各行各业经济活动发展也提供了众多的便

利，特别是对于图书馆行业发展来说，能够为整个档案管理工作提供技术支持，所以为了满足新时代下所提出的具体要求，我们还应当提高各级人员的档案管理水平，只有让其认识到加强档案管理工作的重要性，才能够为后续档案管理工作的顺利展开打下坚实的基础。同时领导人员也要以身作则，要树立正确的档案管理理念，进一步带动其他工作人员工作积极性，使他们能够向模范看齐，并努力做好分内事。此外，对于档案管理过程中出现的问题，也要及时采取措施处理，这样才能够在数字化时代背景下健康可持续发展。由于图书馆档案管理工作难度系数比较高，除了要提高各级人员档案管理意识之外，我们也要做好最基础的档案管理工作，并让相应的档案管理人员负责全馆档案管理，这不仅可以规避重要档案文件遗失或损坏等问题的出现，也能够最大限度地做好图书馆档案管理工作。

（二）积极创新档案管理方式

在提高各级人员档案管理意识的同时，我们也要创新档案管理方式方法，因为传统落后的方法已不能满足现在行业需求，尤其是在当前数字化转型背景下，更加需要予以重视。首先，以往由于档案管理模式落后，致使档案容易丢失或者损坏，所以我们可以通过创新档案管理模式规避问题的出现，让整个档案管理工作能够朝着系统化、完整化方向健康发展。同时，也要结合实际图书馆状况加强档案管理，确保档案管理结构的合理性，因为以往很多图书馆在档案管理过程中，总是按照传统的方法去管理，比如，单一的纸质文献，落后的方式难以满足档案管理工作需求，反而会使图书馆发展受到制约，所以我们必须创新档案管理方式，进一步提高管理水平。其次，创新档案管理方式也有助于方便读者，使其能够在短时间内查找到自己所需要的文件，进一步提高整个图书馆的形象，而工作人员也要加强对重要档案资料的管理，按照文件的特点进行分门别类的管理，让图书馆健康发展。

（三）不断充实档案管理人员

目前，档案管理人员缺失问题也比较突出，这将直接阻碍图书馆行业发展，所以我们还应当充实内部档案管理人员。首先，为提高档案管理工作质量，可以从外界聘请一些专业的人员来参与到档案管理工作中，本身图书馆档案管理工作量就比较大，较少的人员并不能够满足档案管理工作需求，因此，应充实内部人员，以此来满足实际档案管理工作需求，为更多的读者提供优质的服务，且提高读者的满意程度和图书馆整体形象。其次，我们也要注重对历史性材料的收集与整理，应引导档案管理工作人员积极参与到档案管理工作中，必要的前提下，也可以设立一些激励制度来调动各级人员工作积极性，使他们能够以一种良好的状态参与到档案管理工作中，同时也要结合实际状况来开展档案管理工作，在前期管理人员招聘过程中，我们应选择责任心较强、学历较高的人员，这类人员本身工作能力就比较强，能够为档案管理工作提供数据支持。此外，我们也可以定期对人员进行系统培训，不断提高其专业知识和业务能力。

（四）积极加强信息化建设

以往由于档案管理水平不高，致使管理工作效率低下，所以，为了更好地带动图书馆行业发展，在实际档案管理过程中我们还应当加强信息化建设。近几年来，在科学信息技术飞速发展的时代背景下，只有重视信息化建设，才能够为图书馆档案管理工作提供技术支持。此外，也要利用现代技术手段确保档案文件的完整性，这不仅能够给广大读者带来更好的阅读体验，也能够提高整体服务水平和质量。而图书馆也要紧跟时代发展步伐，灵活运用现代技术手段促进馆内业务能够均衡发展，以此逐步完善自身管理能力。最后，全面地提高图书馆档案管理工作质量，以及能够在数字化转型背景下健康发展，并提高综合市场竞争力。

（五）建立健全档案管理制度

图书馆要想提高档案管理工作质量，还应健全相应的管理制度，制度的确立也非常重要，这也关乎自身能否健康发展，所以应基于数字化转型背景之下健全相应档案管理制度，并引导各级人员严格执行制度内容来开展工作，因为只有这样才能够发挥所设立制度的最大化作用和价值。本身档案管理工作内容就比较复杂，很容易因管理不到位出现问题，所以，更加需要健全档案管理制度，以此来约束各级人员行为举止，进而提高其工作责任心，能够以一种良好的状态参与到日常档案管理工作中，让整个的档案管理工作能够有章可循。

综上所述，现今阶段图书馆档案管理工作在开展过程中面临着一些问题，致使各项经济活动受到了一定影响，所以要想在数字化转型背景下健康发展，我们需要提高各级人员档案管理意识及创新管理方式，也要充实档案管理人员且加强信息化建设，最重要的是要健全相关管理制度，这样才能够确保档案管理工作顺利展开，并有效提高图书馆综合市场竞争力。

第二节　图书馆卡片式读者信息档案的数字化管理

读者信息档案是图书馆特有的一种信息来源，是图书馆开展读者服务工作的依据。但目前读者信息档案管理模式并不理想，其信息大都来自流通记录、读者座谈会、问卷调查，零散且流于形式，给图书馆管理与读者服务工作带来极大的不便。因此，探索与建立一个科学合理、操作简便的读者信息档案管理模式，对于全面做好读者服务工作、树立以人为本的服务理念具有重要的现实意义。

一、卡片式读者信息档案数字化管理的必要性与可行性

（一）卡片式读者信息档案数字化管理的必要性

卡片式读者信息档案数字化管理是指图书馆按照本馆实有读者数（包括持证读者与临时读者）建立专业的读者信息数据库，按照设定的具有固定格式的数字卡片填写读者信息。对读者实行一人一卡，利用数据库技术完成对读者信息档案进行录入、查询、统计、汇总、计算等功能需求，实现读者信息档案管理系统化和数字化目标，构建对读者信息方便、快捷、准确的动态管理模式，提高图书馆服务能力和管理水平。

第一，卡片式读者信息档案数字化管理是图书馆自身发展的需要。谋求自身发展是图书馆的天职，而图书馆的可持续发展在于被社会所需要，被读者所认可。这就需要图书馆更为深入地了解每一位读者显性或隐性的个性化需求。而读者信息档案无疑是图书馆了解读者、走近读者、研究读者的最佳途径。

第二，卡片式读者信息档案数字化管理是满足读者个性化需求的需要。随着时代的发展、社会的进步，个体对知识的需求日益呈现出多元化、多样化、多层次化的特点。图书馆为满足读者的这种需求特点，就要利用自身的专业技术优势与资源优势，对各类信息进行专业化加工与整理，有针对性地推介给读者，变"人找知识"为"知识找人"，变被动服务为主动服务，使读者在最短的时间内获取足够量的信息。

第三，卡片式读者信息档案数字化管理是图书馆资源建设的需要。随着数字化服务的发展，图书馆的资源结构与馆藏建设方向也处于不断的发展变化之中。为顺应这一变化，图书馆就要进行有针对性的调查研究，了解读者的信息需求及特点，制订符合读者需求的图书馆藏书发展规划，合理确定纸质书刊与数字资源的馆藏比例，以及各种学科、各类信息载体的经费比例。对读者群的群体档案研究，能帮助图书馆在资源建设方面获得更大的精确性和有效性。

（二）卡片式读者信息档案数字化管理的可行性

第一，免费开放资金的投入给予了经费保障。2011年1月26日，财政部、文化和旅游部联合下发《关于推进全国美术馆、公共图书馆、文化馆（站）免费开放工作的意见》，同年底，全国公共图书馆全部免费开放。地市级图书馆、文化馆的补助标准是50万

元、县级图书馆、文化馆的补助标准是 20 万元，乡镇综合文化站补助标准是 5 万元。全国公共图书馆免费开放的实施，专项资金的有效投入，缓解了图书馆经费不足，为图书馆成立专门的档案管理部门提供了资金保障。

第二，高学历人才的引进满足了专业人员需求。受编制的制约，长期以来公共图书馆机构简单，人员偏少，身兼数职的现象很普遍，严重制约了图书馆事业的发展。近年来，随着人事改革的不断深入，各地各部门陆续启动了高学历人才引进计划，图书馆作为公益性事业单位也受益匪浅。高学历人才专业技能熟练、创新意识强、年轻有朝气，且引进时不受编制限制，为图书馆档案管理部门的设置提供了有力的人才保障。

第三，图书馆专业技术人员提供了技术支持。北京大学吴慰慈教授在《图书馆学基础》一书中指出，图书馆学与档案学是直接关联的学科，具有同族关系，它们都是研究与文献信息管理和利用相关的工作的学科。特别是在文献采选、分编、典藏与流通、检索和利用等方面，具有很大的相似性。由此可见，图书馆在读者信息档案管理方面具有天然的专业技术优势。

二、卡片式读者信息档案数字化管理模式构建

（一）卡片式读者信息档案数字化管理的基本原则

一是集中与分散相结合。成立读者信息档案管理中心（以下简称"管理中心"），设立专职档案管理员，对读者信息档案进行集中统一管理，同时还兼顾借阅证的办理与退证工作。由于服务窗口与读者的零距离接触，所以对读者信息需求更为了解，可考虑服务窗口由一名馆员兼职读者信息档案工作。

二是数字与纸质相结合。数字化档案为开展档案信息服务工作提供了良好的条件，可以一站式实现读者信息的查阅、复制和下载等。纸质档案在使用、整理等方面虽然相对烦琐，但稳定、不易破坏和误删的优势是数字化无法比拟的。我们要坚持以数字为主、纸质为辅、数字与纸质相结合的原则。

三是重点与普通相结合。读者的个人偏好、阅读习惯、阅读需求等因人而异，临时读者与长期读者的阅读需求也不尽相同，因此图书馆应区别对待、分类管理。图书馆可以根据读者的到馆次数、借阅记录、持证时间等因素，将读者划分为普通读者和重点读者。对重点读者实施重点管理与服务的同时，不放松对普通读者的管理。

（二）设计读者信息档案管理卡片

读者信息档案管理卡片要全面地反映每一位读者信息，包括读者的基本信息、兴趣、

爱好以及特殊需求等。

读者信息档案管理卡片说明如下：

（1）卡片中表头项目。编号是所有到馆读者填写本卡时的序列号，包括持证读者和临时读者。临时读者编号用"L"开头，位数可根据读者数量情况自定。例如L000001，则表示本馆的第一位临时读者的信息卡片。同理，持证读者的编号则为C000001，表示本馆的第一位持证读者的信息卡片；读者证号：按照实际读者证编号填写；状态：持证或退证。

（2）卡片中表格内项目

押金：金额栏根据所收押金情况如实填写，此卡片也兼有读者押金明细活页张的作用；未交原因：填写由谁负责免交及为什么免交。退证原因：这一项的填写尤为重要，它是分析图书馆工作到位与否的重要指标。在读者办理退证时，经办人员有责任认真了解其退证的真正原因，并根据其退证原因及时拿出处理办法。利用图书馆的目的、阅读倾向、兴趣、爱好、习惯、特殊需求等，则是图书馆个性化服务的需要，档案管理员应指导读者认真填写。

（三）读者信息档案数字化管理流程

1. 成立读者信息档案管理中心

读者信息档案管理中心设在图书馆人流交汇的大厅，既负责读者信息档案的管理，又负责读者办证、退证、咨询等工作；各部室分设档案管理员，负责读者阅读需求信息的更新与维护工作。

2. 建立读者信息档案数据库

指派或聘请专业人员建立读者信息档案数据库。数据库管理员主要负责《读者信息档案管理卡片》的上传、更新或注销等工作。

设计友好的读者信息档案界面。主页面分为新增读者、更新读者、重点读者、退证读者四大模块。系统中诸如录入、查询、统计、汇总等功能应完备、易操作，以保证读者信息的快速获取。另外，还要做好读者信息档案的保密工作，以免因管理不善造成侵权，引起不必要的纠纷。

3. 卡片式读者信息档案数字化管理流程

（1）办证读者首先到管理中心填写《读者信息档案管理卡片》—档案管理员据此进行数字化录入—通过后台管理平台上传到数据库—具有审核资格的管理员对其进行审核与发布—数据库主页面根据上传时间的先后顺序按照读者证编号对其依次显示—拥有权限的每一位成员都可以通过主页面随意查看读者信息，了解读者的需求变化—打印《读者信息档案管理卡片》、开具收据收取押金、复印该读者身份证一并作为该读者的原始档案存档。

（2）日常工作中，读者可随时在档案管理中心或窗口填写自己的阅读、服务需求，然后由档案管理员对其进行更新，并将其移至"更新读者"模块。

（3）读者退证时，须出示与办证时留存一致的身份证原件。退证手续办理完毕，该《读者信息档案管理卡片》移至"退证读者"模块。年终，按照"编号"整理装订纸质的"退证"读者信息档案卡并长期存档。

（4）定期进行数据库的维护与备份，确保数据的安全完整与稳定。

（5）定期根据读者的阅读量、到馆次数、持证时间等指标确定本馆的重点读者，为他们提供专题服务或定题服务。

（6）每年终了，档案管理中心对读者借阅证增减情况、读者的需求变化进行统计分析，出具本馆资源建设与服务意见，为馆领导提供决策参考。

第三节　城市图书馆的档案管理数字化建设实践

由于现代信息技术发展得越来越迅速，因此对于信息技术的运用在各个领域中也变得普遍起来，现代城市图书馆中档案管理工作也逐渐引进了数字化的方案，通过先进科技对档案管理进行更加有效合理的安排，将档案资料以数字化的渠道进行整体管理，为读者提供越来越充实的服务。依托网络建立信息共享空间、综合业务平台以及读者服务体系，总而言之，建立档案管理的数字化模式，应当注重信息传输的人性化、自动化，充分发挥现代科技的手段，以时代发展的契机为有利条件，运用数字媒体将网络信息向着智能化、集成化、高性能的方向整体发展，促进档案管理事务的现代化步伐。

一、城市图书馆档案管理数字化的重要意义

广泛服务大众、信息传输快捷、档案管理人性化、辐射范围宽广、信息化程度越来越高等是现代城市图书馆进行数字化建设的主要特点。因此，在档案管理事务中，图书馆也应当重视数字化建设的引入，使档案管理工作做到越来越细化，符合大众对资源的需求，从而在优化档案管理细节和服务方面做到日臻完善。

（一）档案信息的数字化，有助于提高信息利用率

将档案材料通过发达的现代信息技术进行扫描或精加工，制作成电子档案的模式进行储存利用，便体现了数字化在档案管理中带来的便利性，知识在科技的帮助转化下以一种新形式出现在大众视野下，给传统的档案管理工作带来了新的运行方式，从而使这项工作

变得简单且更加便利，旧的档案整理事务往往需要很多人员专门进行这项工作，并且通常会耗费大量的精力与时间，造成了高昂的管理成本和困难的查询障碍。在崭新的数字化技术被引进到档案管理事务中以后，传统的需要纸质中介进行档案梳理的工作变得简单起来，通过对文献的扫描等就可以实现档案的有效存储和保管，既减轻了图书馆的存储空间的占用，又在无形中使信息的保存和应用效率得到了提高。

（二）信息传递的网络化，有助于提升社会化服务质量

数字化科技应用于档案管理中可以做到对档案管理工作的高速运转，应用网络的大环境和发达的通信科技保证为用户带去最高效的服务质量，使信息共享在最大范围内获得普及，同时还可以为图书馆开辟的新型业务做好技术支持，让档案管理事务在形式、内容与质量上均获得重大突破。数字化的网络科技运用到图书馆档案管理事务中还具有不受时间与空间限制的优势，实现信息高效的、规范的开放。

（三）资源利用的共享化，有助于满足用户个性化需求

突破信息科技的局限和网络的限制而使信息在最大的范围内为广大读者服务便是数字化档案管理建设的共享优势的凸显，进而满足用户的多项需求，同时还可以在图书馆管理权限范围内给予读者同他人进行信息交流的便利，促进文献和信息在一定的空间内运行，实现信息的最优共享。进而，不仅本地的图书馆用户，其他区域的用户只要进入该图书馆的网站平台或通过与其他用户的交流也可以随时获取知识，这便达到了档案资源的最优共享。

二、城市图书馆档案管理数字化的实现措施

（一）大力推广计算机技术，构建档案数字化平台

要实现城市图书馆的数字化的建设，应当由政府部门出台相应的规划方案，将计算机科学技术推广到图书馆的档案管理建设中来，加强对文献资源和数据资料的保存与管理，加强对图书馆档案管理投资建设的重视。将图书馆的音频视频资料、历史存留文献、用户信息库等加强相关的数据库建设。与此同时，要重视相应的数字技术、设备体系以及技术支持的后备力量的保障，将一整套的软件、硬件和终端配套体系都建设好，打造坚实的档案管理数字化空间。

（二）优化档案信息网络设施建设，创新档案管理模式

一座图书馆要建立完善的内部网络系统，应当将图书馆内部网络纳入政府管理范围内，以获得地方以及国家政府的支持，并本着图书馆建设日益强大的宗旨，完善档案管理系统，增强网络性能，使图书馆的网络系统在安全稳定的环境下运行。同时，对外网的搭建也应给予足够的关注，外网运行稳定的同时可以为内网保驾护航，确保图书馆在安全的环境下，能够进行档案管理数字化建设，不断地优化信息空间以及档案管理模式，为读者提供足够优质的知识服务。

（三）加强高素质人才队伍建设，为档案管理数字化建设提供人才保证

任何行业，任何工作的有效开展都离不开优质的人才的保障。当前，档案管理工作在运行过程中均缺乏专业的档案管理人员的支撑，工作人员的质量严重参差不齐。所以，面临当前图书馆档案管理事务的数字化、信息化结构的转型，须加强对档案管理人员的优质队伍建设。责任心强、事业心积极向上且对于档案工作具备专业的知识结构，可以为图书馆数字化的建设提供强大的专业支持的人员正是当前所急需的。对于图书馆的骨干工作人员，应当鼓励他们加强自身业务的学习，并且图书馆应多举办一些档案管理讲座或者进行档案管理人员的专门培训，这也是增强他们业务本领的有效渠道。

参考文献

[1] B. C. 戈特 . 信息学的社会作用和哲学方法论问题 [J]. 哲学译丛，1985（6）：10.

[2] N. 维纳 . 人有人的用处：控制论与社会 [M]. 北京：商务印书馆，1978.

[3] 安月英 . 数字图书馆理论与实践 [M]. 西安：西安地图出版社，2010.

[4] 曹众 . 高校图书馆数字化特色馆藏资源建设探究 [J]. 管理观察，2019（25）：123-124.

[5] 曹作华 . 图书馆信息资源建设与评价 [M]. 徐州：中国矿业大学出版社，2003.

[6] 陈文 . 医院图书馆数字化信息建设与服务探索 [J]. 数字通信世界，2021（03）：212-214.

[7] 程显静 . 图书馆建设与发展研究 [M]. 北京：华龄出版社，2018.

[8] 段亚宁 . 数字化时代文书档案的规范管理探究 [J]. 兰台内外，2022（33）：29-31.

[9] 高阳 . 人事档案数字化工作思考 [J]. 现代商贸工业，2023，44（04）：93-94.

[10] 关京伟 . 探究图书馆的社会功能 [J]. 现代交际，2016（13）：236.

[11] 何海明 . 浅探公共图书馆资源全数字化建设服务 [J]. 文化产业，2022（09）：113-115.

[12] 焦小娜 . 图书馆的功能探究 [J]. 产业与科技论坛，2016，15（09）：100-101.

[13] 来新夏 . 书之传承——时间里的图书史 [M]. 天津：天津教育出版社，2013.

[14] 李纲 . 数字时代会计档案电子化的研究与启示 [J]. 国际商务财会，2022（18）：63-65+74.

[15] 李玉鹏，侯刚健 . 数字化图书馆的信息服务措施分析 [J]. 电子技术，2022，51（06）：242-243.

[16] 刘佩芝 . 浅谈图书馆数字化资源建设与管理 [J]. 传播与版权，2016（11）：148-150.

[17] 刘若瑾 . 图书馆卡片式读者信息档案的数字化管理研究 [J]. 档案管理，2014（04）：40-41.

[18] 刘中 . 论图书馆的档案管理数字化建设 [J]. 北京档案，2011（12）：29-31.

[19] 马克·波拉特 . 信息经济论 [M]. 长沙：湖南人民出版社，1987.

[20] 乔尔·利维. 不为人知的历史 [M]. 天津：天津教育出版社，2009.

[21] 乔丽. 数字化转型背景下图书馆档案管理的问题与对策探析 [J]. 山西青年，2021 (22)：57-58.

[22] 曲莉. 人事档案数字化实践与探索 [J]. 兰台内外，2023 (06)：42-44.

[23] 阮仪. 高校图书馆数字化特色资源建设 [J]. 才智，2016 (29)：108.

[24] 邵祝琳，笪文莹. 数字环境下公共图书馆信息资源建设的思考 [J]. 文化产业，2022 (25)：106-108.

[25] 师美然. 高校图书馆数字化特色馆藏资源建设探讨 [J]. 兰台内外，2021 (32)：58-60.

[26] 施隽彦. 公共图书馆资源全数字化建设服务研究 [J]. 中小企业管理与科技 (下旬刊)，2020 (11)：120-121.

[27] 四川省档案局. 专业档案管理 [M]. 成都：四川人民出版社，2017.

[28] 谭荣. 图书馆数字化信息服务模式探讨 [J]. 群文天地，2012 (24)：17.

[29] 王欣. 医院图书馆数字化资源建设的相关分析 [J]. 办公室业务，2020 (09)：172+174.

[30] 王严严. 医院图书馆数字化资源建设探索 [J]. 中国报业，2022 (08)：60-61.

[31] 王艳，杨寅，吴忠生，等. 数字时代电子会计档案全流程路径构建研究 [J]. 会计之友，2023 (02)：124-130.

[32] 吴莉萍. 图书馆学基础与工作实务 [M]. 北京：北京交通大学出版社，2014.

[33] 吴慰慈. 图书馆学基础 [M]. 2 版北京：高等教育出版社，2017.

[34] 吴晞. 从藏书楼到图书馆 [M]. 北京：北京图书馆出版社，1996.

[35] 肖兴辉，刘新萍. 文书与档案管理 [M]. 北京：对外经济贸易大学出版社，2014.

[36] 徐清华. 图书馆社会教育的历史演变及功能 [J]. 河南图书馆学刊，2018，38 (12)：72-74.

[37] 杨冬梅，郭晓翠. 数字化转型背景下图书馆档案管理的问题与对策 [J]. 西安电子科技大学学报 (社会科学版)，2018，28 (04)：24-27.

[38] 杨俊萍. 数字化档案管理创新路径探讨 [J]. 参花 (下)，2023 (01)：50-52.

[39] 余晓松. 数字化对传统图书馆的挑战及其应对 [J]. 西南民族大学学报 (人文社会科学版)，2014，35 (07)：237-240.

[40] 袁甜. 图书馆数字化资源建设及管理研究 [J]. 江苏科技信息，2023，40 (06)：21-23+27.

[41] 张端，刘璐璐，杨阳. 新编档案管理实务 [M]. 成都：电子科技大学出版

社，2017.

［42］张小晶．新时代图书馆社会功能发展问题研究［J］．连云港职业技术学院学报，2018，31（03）：71-74.

［43］张馨木．数字化背景下高校图书馆特色馆藏建设研究［J］．文化创新比较研究，2023，7（10）：121-125+138.

［44］张悦．试论城市图书馆的档案管理数字化建设［J］．现代营销（下旬刊），2019（02）：118.

［45］钟义信．信息科学原理［M］．北京：北京邮电大学出版社，1996.

［46］周慧．数字化图书馆信息服务模式的构建［J］．河南图书馆学刊，2015，35（05）：120-121.